LES NOMS, SVRNOMS, QVALITEZ, ARMES, ET BLASONS DES CHEVALIERS ET OFFICIERS DE L'ORDRE DV S. ESPRIT.

Creez par LOVIS LE IVSTE, XIII. DV NOM, ROY DE FRANCE ET DE NAVARRE, A Fontainebleau, le 14. May 1633.

Auec les Figures en Tailles-douces, curieusement grauées, et representant au vray les Ceremonies et Vestemens desdits Sieurs Cheualiers: et vn ample discours sur ce qui s'y est passé.

Le tout recueilly par le Sieur D'HOZIER, Gentil-homme ordinaire de la Maison de sa Majesté.

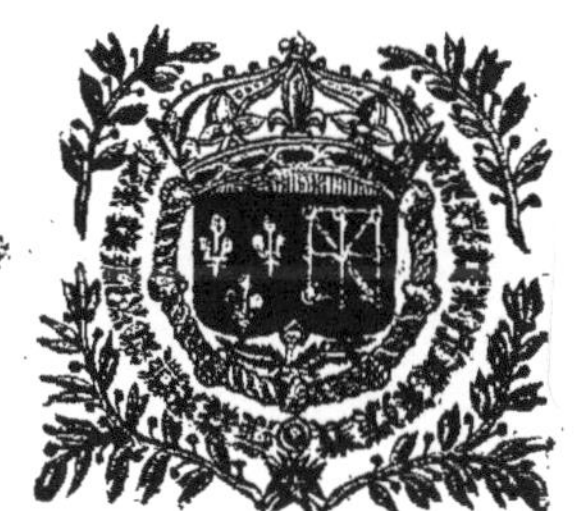

A PARIS,

Chez MELCHIOR TAVERNIER, Graueur & Imprimeur du Roy pour les Tailles-douces, demeurant en l'Isle du Palais, au coin de la ruë de Harlay, sur le Quay qui regarde la Megisserie, à la Rose rouge.

M. DC. XXXIV.

AVEC PRIVILEGE DV ROY.

LES NOMS, SURNOMS, QUALITEZ, ARMES, ET BLASONS DES CHEVALIERS ET OFFICIERS DE L'ORDRE [illegible]

Creez par [illegible]
ROY DE FRANCE ET DE NAVARRE [illegible]
A Fontainebleau, le 14. May [illegible]

[illegible] les Figures en Tailles-douces, curieusement gravées, et [illegible] qui se sont passées au [illegible] les Ceremonies et [illegible] desdits Sieurs Chevaliers, et [illegible]

[illegible]

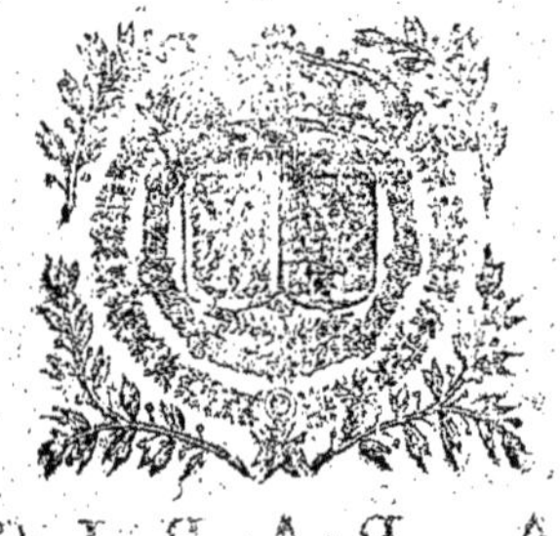

A PARIS,

Chez MELCHIOR TAVERNIER, Graveur & Imprimeur du Roy pour les Tailles-douces, demeurant en l'Isle du Palais, [illegible] de Harlay, sur le Quay qui regarde la Megisserie, à la Rose rouge.

M. DC. XX[illegible]

AVEC PRIVILEGE [illegible]

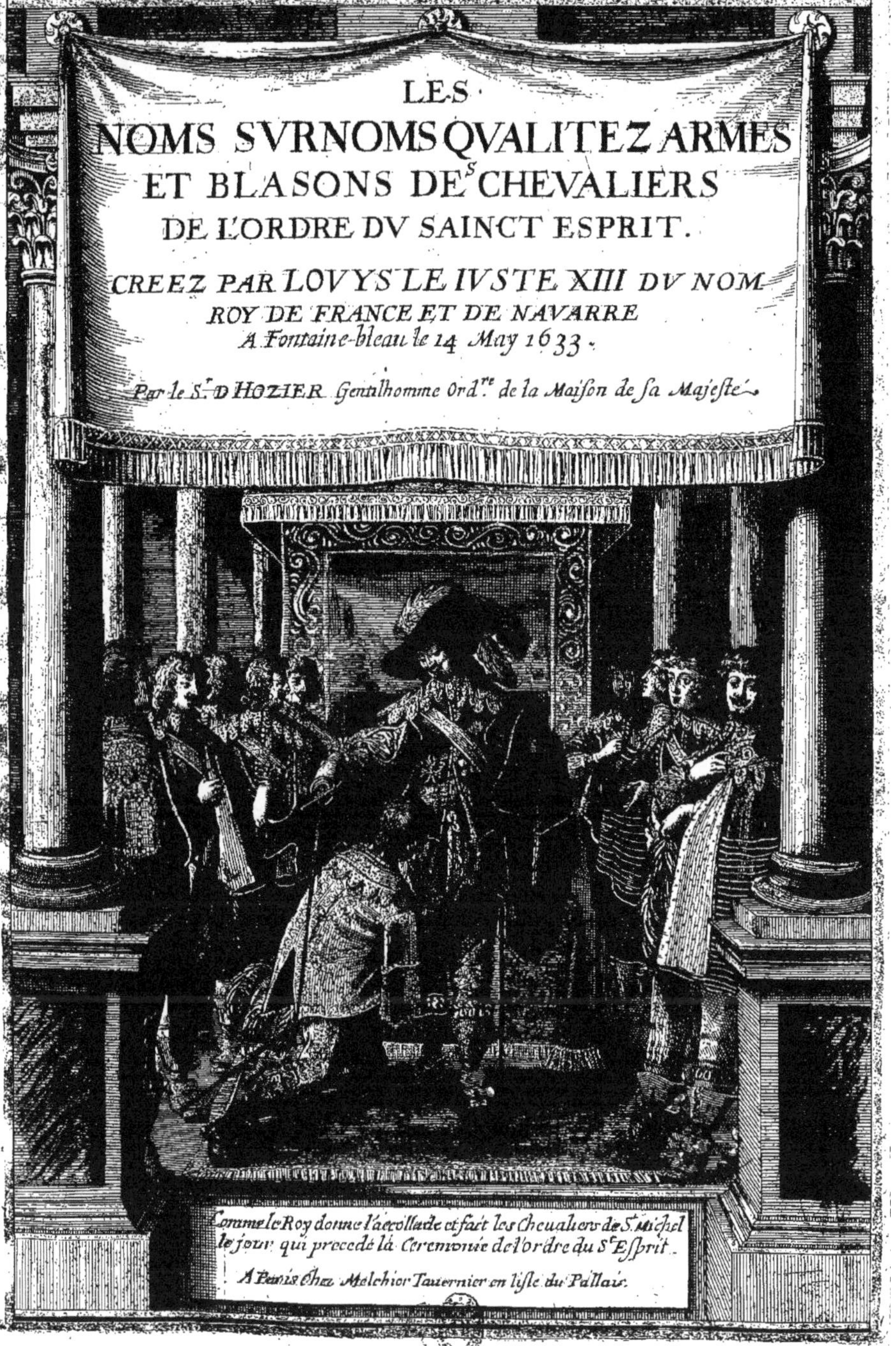

Comme le Roy donne l'accollade et fait les Chevaliers de S.t Michel le jour qui precede la Ceremonie de l'ordre du S.t Esprit.

A Paris Chez Melchior Tavernier en l'isle du Pallais.

AV ROY.

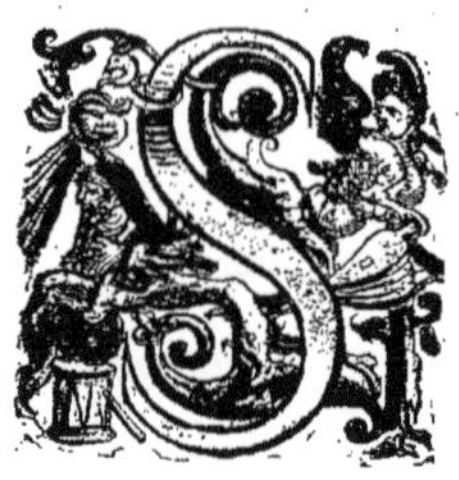

IRE,

De tous les contentemens dont la condition humaine est capable en ce monde, celuy que l'on ressent de la possession de l'Honneur, est sans doute le plus approchant des ioyes diuines. Cette opinion est si generalement receuë, que ce seroit offencer la Raison d'en demander des preuues; puis qu'il n'y a point d'ames en qui la Nature ait pris plaisir de ietter de vrayes semences de generosité, qui pour acquerir ce thresor, ne mesprisent les deux les plus precieux des esprits vulgaires; c'est à dire, qui ne hazardent librement leurs Biens et leurs Vies, pour s'enrichir de quelques belles et illustres marques d'Honneur. Mais puis que c'est vne grace qui vient du Ciel, il faut auoüer qu'il n'appartient qu'aux Roys, en qui Dieu semble auoir imprimé de visibles caracteres de sa gloire, de la distribuer aux autres hommes. Or, SIRE, quand ie n'aurois pas eu le bon-heur de naistre vostre sujet, comme certainement ie reconnois estre obligé de cet auantage à la Nature, ie ne laisserois pas de publier hautement que vostre Teste sacrée soustient la premiere Coronne du Monde, et que vostre Main porte le plus Noble et le plus Auguste Sceptre dont iamais les Souuerains ayent regy leurs Peuples, et faict trembler les Nations: Et ie dirois en suite que les honneurs que confere Vostre Majesté, surpassent par consequent tous ceux que peuuent donner les autres Monarques. Aussi est-ce vne Verité, qui ne reçoit point de contestation, et que les Estrangers reconnoissent aussi bien que les François, particulierement en ce qui concerne l'Ordre des Cheualiers qui sont creez par V. M. Et certainement elle en accompagne la promotion de ceremonies si pompeuses, qu'à parler humainement il semble qu'on ne puisse accueillir le Sainct Esprit auec plus d'esclat et de veneration qu'en cette Assemblée, où l'on diroit qu'il vient presider pour inspirer ses mouuemens au cœur de Vostre Majesté aussi bien que pour ioindre ses graces celestes aux magnificences de la Terre. Que si Dieu se resiouyt en ses Saincts, comme nous le croyons, ne deuons nous pas croire aussi que V. M. en qui nous reuerons son Image, reçoit vn contentement extraordinaire, lors qu'elle appelle au partage des honneurs qui sont en sa puissance ceux qu'elle en estime dignes, et qu'elle leur donne des marques de ses faueurs pour estre celles d'vne obligation à n'auoir iamais de pensees qui ne tendent à son seruice. Ce n'est donc pas sans raison que ie prends la hardiesse de luy presenter l'ordre de la Ceremonie qui s'est obseruée en la derniere Promotion, et de luy faire voir les Noms, les qualitez, les Armes, et les Blasons de ceux à qui elle a voulu departir la gloire d'estre associez en vne Compagnie dont elle est le Chef. Mais ce n'est pas là le poinct où ie suis resolu d'en demeurer, SIRE: Car pourueu qu'il plaise à V. M. de seconder mes desseins du tesmoignage de ses volontez, ie luy feray voir dans quelque temps, et à tout le monde sous sa faueur, les Genealogies de tous ceux qui ont esté honnorez de son Ordre du Sainct Esprit depuis son Institution. I'iray en suitte bien plus loing, si ie suis si heureux que de voir ce petit essay regardé de V. M. auec approbation: Car i'espere luy faire connoistre par vn plus grand ouurage, et tel qu'il ne s'en est encore point veu de pareil en France, qu'elle peut se vanter d'auoir plus de Gentilshommes dans son Royaume que beaucoup de Monarques n'ont eu de sujets dans leurs Estats. Cette richesse, SIRE, sera le fondement d'vne Monarchie vniuerselle, quand il plaira à Vostre Majesté d'en auoir les pensées; Mais pource que ces considerations sont mysterieuses, ie retiendray les miennes dans mon deuoir, qui me fera toute ma vie employer le talent qu'il a pleu à Dieu me departir, en des choses qui puissent agréer à Vostre Majesté, pour luy faire paroistre que la seule gloire où i'aspire est celle d'estre creu

SIRE,

DE VOSTRE MAIESTE'

Le tres-humble, tres-obeyssant & tres-fidelle seruiteur & sujet.

D'HOZIER.

ADVERTISSEMENT.

LECTEVR, Ne iugez pas legerement par cet ouurage de ceux que ie promets de vous donner à l'auenir. Ce n'est icy qu'vn eschantillon de la piece entiere que i'acheue, pour faire voir toutes les promotions qui ont esté faictes en cet Ordre glorieux du Sainct Esprit depuis son Institution. Et ce dessein encore n'est qu'vne partie d'vn autre plus grand, par lequel i'espere monstrer les Genealogies de toutes les Maisons de ce Royaume, & faire connoistre sa grandeur aux Estrangers par la multitude des Races illustres & nobles, qu'on y voit fleurir depuis tant de siecles. Cet essay n'est qu'vn petit membre de ce grand corps, auquel i'espere donner d'assez iustes proportions, apres dix-huict années qu'il y a que ie tasche à le former. Neantmoins ie n'abonde pas tellement en mon sens, que ie ne m'apperçoiue bien que i'y puis laisser couler des deffauts: Mais aussi ie seray tousiours prest à les corriger lors qu'on me les aura faicts connoistre, sçachant bien que de tous les genres d'escrire celuy-cy est le plus glissant, & le plus sujet à se mesprendre. Ie promets bien Lecteur, d'employer tout mon soing & toute ma curiosité pour empescher que vous ne soyez pas trompé sur ma foy; Et proteste de ne rien auancer dont ie n'aye de suffisantes preuues. Aussi me deuez vous du moins cette reconnoissance de ne negliger point la correction des fautes que vous trouuerez à la fin, & qui ne se doiuent imputer qu'à l'Imprimeur, & non pas à moy.

DISCOVRS DE LA CEREMONIE OBSERVEE EN LA DERNIERE CREATION DES Cheualiers de l'Ordre du Sainct Esprit.

LE Vendredy quinziesme iour d'Auril de l'année mil six cens trente-trois, tous les Officiers des Ordres du Roy s'assemblerent par le commandement de sa Majesté au logis de M. le President de Cheury, Secretaire desdits Ordres, pour resoudre les choses necessaires à la Ceremonie du Sainct Esprit, que le Roy auoit deliberé de faire à Fontainebleau la veille de la Pentecoste, dans la salle de la belle Cheminée.

Le Mardy 19. dudit mois, tous lesdits Officiers s'assemblerent encore au mesme lieu, pour resoudre des places & des seances, apres que le rapport eut esté faict par le Contrerolleur general des bastimens du Roy, & par le Sieur Francine, de la longueur, largeur & hauteur de ladite salle. A laquelle Assemblée fut resoluë la seance des Cardinaux à main droicte proche de l'Autel, & les Archeuesques derriere eux sur vn banc. L'Eschafaut des Ambassadeurs au costé gauche proche de l'Autel, joignant ledit Eschafaut & du mesme costé celuy de M. le Garde des Seaux, auec Messieurs les Conseillers & Secretaires d'Estat. Du costé droict l'Eschafaut de la Reyne, & des Princesses & Duchesses. Vis à vis du costé gauche celuy de Madame la Garde des Seaux, & des femmes de Messieurs les Officiers de l'Ordre, & du costé droict proche celuy de la Reyne l'Eschafaut de ses filles d'honneur.

Au bas de la salle proche de la porte & du costé droict la place du Roy, ayant l'Autel de front, & tout du long à droict & à gauche celles des Cheualiers iusques aux sieges de Messieurs les Cardinaux, separez de ceux desdits Cheualiers enuiron de deux pieds, & releuez de demy pied plus haut. Le siege du Roy de demy pied plus haut que celuy des Cardinaux, & l'Autel d'vn pied plus haut que le siege de sa Majesté.

Les choses estant disposées & resoluës de ceste sorte, Le Roy escriuit à tous les Commandeurs de ses Ordres qu'ils eussent à se rendre à Fontainebleau, où il auoit deliberé de tenir Chapitre le iour de l'Ascension cinquiesme de May audit an. Où se trouuerent M. le Comte, M^rs^ les Ducs de Monbazon, de Rais, & de Chaulnes. M^rs^ D'Aumont, Marquis de Trainel,

é

Du Bellay, de la Curée, de Bethune, Mareschal de Sainct Luc, Comte de Tresmes, Marquis de Rambouillet, Vicomte de Brigueil, Marquis de Nangis, Souuré, du Hallier, & de Rochefort.

Le Roy leur ayant fait sçauoir qu'il tiendroit le Chapitre à deux heures apres midy dans le cabinet de l'Oualle ils s'y rendirent tous, & apres que sa Majesté fut assise au haut bout de la table seul, ils prirent tous leurs seances en la maniere qui ensuit: M. le Cardinal de Lion grand Aumosnier de France au costé droict du Roy. Vis à vis & au costé gauche de sa Majesté M. le Comte, & en suite tous les Cheualiers Ducs: puis tous les autres Cheualiers non Ducs au rang cy-dessus remarqué, & au bas les quatre Officiers de l'Ordre, Commandeurs selon le rang qui leur est attribué par les Statuts, couuerts & assis ainsi que les Cheualiers, & le Heraut & l'Huissier debout teste nuë, ledit Huissier tenant la porte du cabinet.

Le Roy s'adressant à toute la compagnie dit, qu'il l'auoit faite assembler pour resoudre plusieurs choses sur lesquelles M. de Bullion Garde des Seaux de l'Ordre leur feroit sçauoir son intention.

Et sur ce mondit sieur le Garde des Seaux prenant la parole dit, que sa Majesté les ayant fait assembler luy auoit commandé de leur dire que son intention estoit auant que de proceder à l'election des Cheualiers qu'il retenoit pour estre faits à cette promotion, d'auoir leur aduis sur la rebellion & felonnie des Duc d'Elbeuf, & Marquis de la Vieuuille; lesquels estans sortis hors du Royaume, porté les armes contre le seruice de sa Majesté, & par consequent contreuenu aux Statuts de l'Ordre, sadite Majesté les iugeoit indignes d'estre Cheualiers, & qu'ils deuoient estre degradez dudit Ordre. Surquoy elle vouloit auoir l'aduis d'vn chacun, que le sien estoit conforme à celuy du Roy, & qu'à l'exemple du procedé tenu par Charles Duc de Bourgongne contre Iean de Bourgongne Duc de Brabant son cousin, leurs Armes fussent detachées & rompuës, & qu'en la place fust mis vn Tableau où seroit inseré l'Arrest & la cause de leur degradation. Tous les Cheualiers & Officiers ayant opiné sur cette matiere, furent tous de l'aduis de M. le Garde des Seaux, sinon que M. le Marquis de Trainel fut d'opinion que l'on deuoit leur enuoyer demander l'Ordre. Surquoy ayant recueilly les voix, il fut iugé plus à propos de les degrader en plain Chapitre, & de detacher leurs Armes lors que sa Majesté seroit entrée en l'Eglise, y mettant en la place vn Tableau noir où seroit escrit l'Arrest de leur degradation, que mondit sieur le Garde des Seaux se chargea de dresser, apres que la chose fut ainsi resoluë.

Le Roy ayant appellé le Secretaire de l'Ordre, luy commanda de faire lecture tout haut des noms de ceux que sa Majesté auoit choisis, faisant deuant entendre sadite Majesté à toute la compagnie qu'il n'admettoit M[rs] les Ducs de la Tremoille & de Brissac, qu'en cas qu'ils se purgeassent du crime dont ils estoient preuenus, conformément aux Statuts de l'Ordre.

En ſuite dequoy le ſuſdit Secretaire du meſme Ordre fit la lecture ſelon le commandement de ſa Majeſté, & bailla apres le Roolle au Heraut de l'Ordre pour les proclamer dans la Chambre du Roy en cette maniere.

ROOLLE DES CHEVALIERS A PROCLAMER.

M. le Cardinal de Richelieu.
M. le Cardinal de la Vallette.

PRELATS.

M. l'Archeueſque de Paris.
M. l'Archeueſque de Bourdeaux.
M. l'Archeueſque de Narbonne.

CHEVALIERS.

M. le Duc de Longueuille.
M. le Comte D'Alais.
M. le Comte de Harcourt.
M. de la Tremoille, pourueu qu'il ſe purge dans le temps de la Pentecoſte du crime dont il eſt preuenu dans le Parlement.
M. le Duc de Briſſac, pourueu qu'il ſe purge dans le temps de la Pentecoſte du crime dont il eſt preuenu.
M. le Duc de Candalle.
M. le Duc de la Vallette.
M. le Duc de Hallewin.
M. le Comte de Tonnerre.
M. le Mareſchal D'Eſtrées.
M. de Vaubecourt.
M. de Senectere.
M. le Vicomte de Pompadour.
M. le Comte de la Marck-Bouillon.
M. le Marquis de Neelle.
M. le Marquis de Gordes.
M. le Comte de Lannoy.
M. le Marquis de Varennes.
M. le Mareſchal de Brezé.
M. le Comte de Braſſac.
M. le Mareſchal de Toyras.
M. le Comte de Noailles.
M. de Poyanne.
M. le Marquis de Foſſez.
M. le Marquis de Bourbonne.
M. le Vicomte de Polignac.
M. le Vicomte D'Arpajon.

M. le Marquis D'Alluye.
M. le Comte de Sault.
M. Pompée Frangipani.
M. le Comte D'Orual.
M. le Premier.
M. le Baron de Pont-Chasteau.
M. du Pont de Courlay.
M. de la Mesleraye.
M. de Villequier.
M. le Comte de Tournon.
M. de la Mailleraye.
M. le Comte de Thianges.
M. le Marquis D'Ambres.
M. le Comte de Parabere.
M. de Montcaurel.
M. le Marquis Entio Bentiuoglio, dont le rang est à regler.

Resolu au Chapitre tenu à Fontainebleau le cinquiesme iour de May 1633.

Signé LOVIS.

Et plus bas, DVRET.

Ladite publication estant faicte, sa Majesté deputa pour assister le lendemain à la verification des preuues des Cheualiers nommez.

MESSIEVRS,
de Monbazon.
Marquis de Trainel.
Comte de Tresmes.
Marquis de Rambouillet.
Marquis de Nangis.
Souuré.
du Hallier.
de Rochefort.

Le Vendredy sixiesme du mois de May, Messieurs les Commandeurs deputez se trouuerent au logis de M. le Grand Aumosnier sur les sept heures du matin, où Messieurs les Officiers Commandeurs se rendirent pareillement. M. le Grand Aumosnier ayant pris la place au haut bout de la table, & tous les Cheualiers selon le rang du iour precedent, on commença à faire ouuerture & lecture des preuues de Noblesse, vie & mœurs de chasque Cheualier nommé, dont il fut tenu Registre par le Secretaire de l'Ordre, pour estre mis auec les autres Registres dudit Ordre. L'on commença par la preuue la preuue de M. le Garde des Seaux, puis par celle du Preuost & Maistre des Ceremonies, qui n'entrerent que lors qu'elles furent iugées, ne pouuant assister au iugement d'icelles.

La lecture & iugement desdites preuures durerent iusques à dix heures, & lors chacun se retira.

Le Vendredy ensuiuant treziesme dudit mois, le Roy estant dans le cabinet de l'Oualle, fit Cheualiers ceux qui estoient nommez, sans obseruer aucun ordre, mais seulement selon qu'ils se presentoient, les faisant mettre à genoux, & leur frappant de son espée nuë sur l'espaulle droicte, puis sur la gauche, en disant à chacun d'iceux l'vn apres l'autre. *De par Sainct Georges, & de par Sainct Michel, ie vous fais Cheualier.*

Le Samedy matin quatorziesme dudit mois, le Roy ayant reglé les rangs & changé quelque chose au Roolle des Cheualiers proclamez, le bailla au Preuost & Maistre des Ceremonies des Ordres, signé de sa Majesté, & contresigné DVRET; pour faire attacher leurs Armes en l'ordre suiuant, auec commandement de ne mettre point celles des absens, sinon celles de Monsieur le Duc D'Orleans, & celles de M[rs] D'Elbeuf & de la Vieuuille, pour estre ces deux dernieres destachées de leurs places, & rompuës suiuant l'Arrest.

PREMIEREMENT.

M. le Cardinal de Richelieu. page 4
M. le Cardinal de la Vallette. 5

PRELATS.

M. l'Archeuesque de Narbonne. 6
M. l'Archeuesque de Paris. 7
M. l'Archeuesque de Bourdeaux. 8

CHEVALIERS.

M. le Duc de Longueuille. 9
M. le Comte de Harcourt. 10
M. le Comte D'Alais. 11
M. de la Tremoille. 12
M. le Duc de Ventadour. 13

Le Samedy, premier iour de la Ceremonie.

M. le Duc de Hallewin.
M. le Duc de Brissac. 15
M. le Duc de Candalle. 16

Le Dimanche second iour. 14

M. le Duc de Brissac.
M. le Duc de Candalle. 16
M. le Duc de Hallewin. 14

Le Lundy troisiesme iour. 15

M. le Duc de Candalle.

M. le Duc de Hallewin. 15

M. le Duc de Brissac. 16

M. le Duc la Vallette. 17

M. le Comte de Tonnerre. 18

M. le Mareschal D'Estrées. 19

M. de Vaubecourt. 20

M. de Senectere. 21

M. le Vicomte de Pompadour. 22

M. le Marquis de Neelle. 23

M. le Marquis de Gordes. 24

M. le Comte de Lannoy. 25

M. le Marquis de Varennes. 26

M. le Mareschal de Brezé. 27

M. le Comte de Brassac. 28

M. le Mareschal de Toyras, duquel les Armes n'ont esté mises au lieu de la Ceremonie pour estre absent. 29

M. le Comte de Noailles. 30

M. de Poyanne. 31

M. le Marquis de Fossez. 32

M. le Marquis de Bourbonne. 33

M. le Vicomte de Polignac. 34

M. le Vicomte D'Arpajon. 35

M. le Marquis D'Alluye. 36

M. le Comte de Sault. 37

M. le Comte D'Orual. 38

M. le Premier. 39

M. le Baron de Pont-Chasteau. 40

M. du Pont de Courlay. 41

M. de la Messeraye. 42

M. le Marquis de Mortemar. 43

M. de Villequier. 44

M. le Comte de Tournon. 45

M. de la Mailleraye. 46

M. le Comte de Thianges. 47

M. le Marquis D'Ambres. 48

M. le Comte de Parabere. 49

M. de Montcaurel. 50

M. de Liancourt. 51

M. de Sainct-Symon. 52

Le Sieur D'Acheres Preuost & Maistre des Ceremonies des Ordres, ayant receu le susdit commandement, fit attacher les Armes des Princes & Ducs desia Commandeurs, auec celles des nommez & retenus selon le rang de leurs Duchez suiuant les Statuts de l'Ordre, & les Gentils-hommes selon le rang de leur promotion & nomination.

PREMIEREMENT.

Les Armes du Roy au dessus de l'entrée proche sa Chaise, ayant l'Autel de front.

Celles de Monsieur à la main droicte, du costé du Roy.

Celles de Monsieur le Prince vis à vis, au costé gauche.

M. le Comte, à droict.

M. de Longueuille, à gauche.

M. D'Elbeuf, à droict.

M. le Comte de Harcourt, à gauche.

M. le Comte D'Alais, à droict.

M. de la Tremoille, à gauche.

M. de Ventadour, à droict.

M. de Monbazon, à gauche.

M. de Rais, à droict.

Le premier iour.

M. de Hallewin, à gauche.

M. de Brissac, à droict.

M. de Candalle, à gauche.

Le second iour apres, M. de Rais.

M. de Brissac, à gauche.

M. de Candalle, à droict.

M. de Hallewin, à gauche.

Le troisiesme iour.

M. de Candalle, à gauche.

M. de Hallewin, à droict.

M. de Brissac, à gauche.

M. de Chaulnes, à droict.

M. de la Vallette, à gauche.

M. D'Aumont, à droict.

M. le Marquis de Trainel, à gauche.

M. du Bellay, à droict.

M. de la Curée, à gauche.

M. de Bethune, à droict.

M. le Mareschal de Sainct-Luc, à gauche.

M. le Comte de Tresmes, à droict.

M. de Rambouillet, à gauche.

M. le Vicomte de Brigueil, à droict.

M. le Marquis de Nangis, à gauche.

M. de Souuré, à droict.

M. du Hallier, à gauche.

M. le Marquis de la Vieuuille.
M. de Rochefort, à gauche.
M. le Comte de Tonnerre, à droict.
M. le Mareschal D'Estrées, à gauche.
M. de Vaubecourt, à droict.
M. de Senectere, à gauche.
M. de Pompadour, à droict.
M. le Marquis de Neelle, à gauche.
M. le Marquis de Gordes, à droict.
M. le Comte de Lannoy, à gauche.
M. le Marquis de Varennes, à droict.
M. le Mareschal de Brezé, à gauche.
M. de Brassac, à droict.
M. de Noailles, à gauche.
M. de Poyanne, à droict.
M. de Fossez, à gauche.
M. de Bourbonne, à droict.
M. de Polignac, à gauche.
M. D'Arpajon, à droict.
M. le Marquis D'Alluye, à gauche.
M. le Comte de Sault, à droict.
M. le Comte D'Orual, à gauche.
M. le Premier, à droict.
M. du Pont-Chasteau, à gauche.
M. du Pont de Courlay, à droict.
M. de la Messeraye, à gauche.
M. le Marquis de Mortemar, à droict.
M. de Villequier, à gauche.
M. de Tournon, à droict.
M. de la Mailleraye, à gauche.
M. de Thianges, à droict.
M. D'Ambres, à gauche.
M. de Parabere, à droict.
M. de Montcaurel, à gauche.
M. de Liancourt, à droict.
M. de Sainct-Symon, à gauche.

Proche de l'Autel à main droicte au dessus du banc de M les Prelats furent attachées les Armes de MM. les Cardinaux Duc de Richelieu, de Lion & de la Vallette, & au dessus celles de Mrs les Archeuesques de Narbonne, de Paris, & de Bourdeaux.

Le Preuost & Maistre des Ceremonies ayant donné aduis au Roy que toutes choses estoient preparées selon l'ordre que sa Majesté luy auoit donné,

donné. Sadite Majesté se rendit à deux heures apres midy dans le departement de la Reyne mere, où tous les Cheualiers, tant Cõmandeurs que Nouices se trouuerent aussi, & ledit Maistre des Ceremonies apres auoir faict marcher les trompettes, les tambours, les haut-bois, & les quatre Herauts deux à deux & le Roy d'armes de Frãce apres, fit passer l'Huissier de l'Ordre, puis le Heraut, & apres commença d'appeller le Secretaire de l'Ordre, puis le Grand Tresorier pour marcher ensemble, le Grand Tresorier à la droite, puis le Garde des Seaux, & en suitte tous les Cheualiers, à commencer au dernier, finissant à M. le Prince selon l'ordre cy-dessus, puis ledit Maistre des Ceremonies fut prendre sa place entre le Grand Tresorier & le Secretaire. Marchant en cet ordre ils passerent toute la terrasse & la salle des Gardes du Corps, & entrerent dans l'Eglise, où les Cheualiers Nouices se placerent sur vn banc à main gauche que le Maistre des Ceremonies leur auoit faict preparer tous d'vn costé, puis les Commandeurs prirent leurs places sur les hauts sieges à droicte & à gauche au dessous de leurs Armes.

Le Roy estant arriué & assis dans sa Chaise, la queuë de son manteau portée par M. le Marquis de Gesvres, commanda au Heraut de l'Ordre de detacher les armes de M[rs] D'Elbeuf & de la Vieuuille, ce qu'il fit; & les ayant rompuës & foullées aux pieds, y attacha en la place par le commandement de sa Majesté deux tableaux noirs, auec ces inscriptions en lettres blanches.

Extraict des Registres de l'Ordre du Sainct Esprit.

LE Roy Chef, & Souuerain Grand-Maistre dudit Ordre seant audit Chapitre, De l'aduis de tous les Cardinaux, Prelats, Commandeurs & Officiers y assistant, A declaré & declare les Duc D'Elbeuf & Marquis de la Vieuuille, degradez dudit Ordre, sans qu'à l'aduenir ils en puissent porter les marques, ny iouyr des honneurs, authoritez, & priuileges y appartenant. Et pour faire connoistre à la posterité leur felonnie & ingratitude: A ordonné & ordonne, que les tableaux de leurs Armes cy-deuant mises en l'Eglise des Augustins de Paris en seront leuez, & au lieu où la Ceremonie se faict presentement, seront lesdites Armes detachées d'auec celles des autres Commandeurs & Cheualiers, & en leurs places seront mis des tableaux noirs dans lesquels le dispositif du present Arrest sera inseré, qui demeurera attaché dans lesdits Augustins, au mesme lieu où estoient lesdits tableaux des Armes des susdits Duc D'Elbeuf & Marquis de la Vieuuille. Enjoint au Heraut dudit Ordre de tenir la main à l'execution du present Arrest. Prononcé audit Chapitre tenu à Fontainebleau le cinquiesme de May mil six cents trente-trois.

Cette execution faicte, le Roy commanda au Maistre des Ceremonies de sçauoir de M. le Cardinal Duc de Richelieu, s'il desiroit estre receu deuant Vespres ou apres, lequel fit responce que sa Majesté le receuroit s'il luy plaisoit apres Vespres. De sorte que sadite Majesté commanda audit Maistre des Ceremonies de les faire dire; lesquelles estant acheuées, sa Majesté sortit de sa Chaise pour aller à celle qui luy estoit preparée deuant l'Autel, la queuë de son manteau portée par M. le Marquis de Gesvres comme dessus, marchant deuant sadite Majesté, l'Huissier, le Heraut, le Secretaire, le Grand Tresorier, & le Preuost & Maistre des Ceremonies au milieu, & plus derriere le Garde des Seaux de l'Ordre.

Le Roy estant dans sa Chaise, & ayant receu MM. les Cardinaux de Richelieu & de la Vallette, l'vn apres l'autre lisant chacun son serment, & receuant le cordon bleu & la Croix en la maniere qu'il se void dans les Statuts sans se mettre à genoux, mais s'inclinant seulement vn peu, fit venir les trois Prelats qui presterent le serment à genoux, & receurent le cordon, puis ostant leur Camail le Roy leur en mit vn, où la grande Croix de l'Ordre estoit attachée. Ce qu'estant faict, sa Majesté commanda au Maistre des Ceremonies d'aller querir Mrs de Longueuille, de Harcourt & D'Alais, pour estre receus ensemble Cheualiers, ce qu'il fit, prenant M. le Prince & M. le Comte pour leur seruir de parrains, & les faisant marcher entre eux deux, luy estant deuant les conduisit au Roy, lequel les faisant mettre à genoux fit prester le serment à M. de Longueuille pour tous trois, & les mesmes Ceremonies que l'on void prescriptes dans les Statuts, furent obseruées, puis s'en retournerent en leurs places de Nouices au mesme ordre qu'ils estoient venus. Apres le Maistre des Ceremonies prenant M^rs les Ducs de Rais & de Chaulnes pour parrains, fit marcher tous les Ducs Nouices cy-dessus nommez, entre eux deux, où estant deuant le Roy M. de la Tremoille presta le serment pour eux tous, & receurent le manteau & le collier de l'Ordre auec les Ceremonies accoustumées. Cela faict, le Roy commanda au Maistre des Ceremonies d'amener huict Gentils-hommes nommez, à chasque fois; ce qu'il fist, & prit pour parrains M^rs D'Aumont & de Trainel, qui en menerent encor huict autres, puis changea de parrains, & prit Mrs du Bellay & de Bethune qui acheuerent de conduire tout le reste des Cheualiers nommez, lesquels estans tous receus sa Majesté s'en retourna en sa place, conduite par tous les Officiers, & les derniers Cheualiers receus, au mesme ordre qu'elle estoit venuë en sa Chaise proche de l'Autel, puis chacun se retira sans garder aucun rang.

Le Dimanche matin iour de Pentecoste & quinziesme dudit mois de May, le Roy se rendit sur les neuf heures au mesme lieu d'où il estoit party le iour precedent, & apres que les Cheualiers furent arriuez, sa Majesté commanda au Preuost & Maistre des Ceremonies de faire marcher, ce qu'il fit au mesme ordre que le iour precedent, sinon des trois Ducs dont le rang est cy-dessus escrit pour les trois iours, puis estans tous arriuez à l'Eglise, & ayant pris leurs places aux hauts sieges, chacun au dessous de ses Armes. Le Roy estant arriué, la queuë de son manteau portée par M. le Marquis de

Gesvres comme il a esté remarqué cy-deuant, le Clergé chanta le *Veni Creator*, lequel estant finy ledit Clergé se disposa le premier d'aller à la Procession. M. le Cardinal de Lion Grand Aumosnier Officiant, & marchant accompagné de ses Acolites, Sous-Diacres & Diacres, fut suiuy de tout le corps de l'Ordre au mesme rang qu'ils estoient entrez: Le Roy le dernier, accompagné de MM. les Cardinaux & Prelats, ladite Procession sortant par la porte du pauillon proche de l'Autel, & descendant le rampant du grand degré, puis remontant l'autre pour r'entrer par la salle des Gardes dans l'Eglise, où le Roy estant r'entré la Messe commença en Musique à deux Chœurs, sçauoir la Chapelle & la Chambre. L'Euangile estant dite, le Maistre des Ceremonies ayant le Heraut & l'Huissier deuant luy alla querir M. le Cardinal Duc de Richelieu, comme plus ancien Prelat, afin d'apporter les Euangiles à baiser au Roy, le conduisant ainsi à l'aller & au retour, puis se remit en sa place attendant l'Offerte, pour laquelle le Garde des Seaux & ledit Maistre des Ceremonies allerent à l'Autel, ayant deuant eux le Heraut & l'Huissier, afin d'aller querir l'Offrande du Roy, sçauoir ledit Garde des Seaux le cierge, pour le bailler à sa Majesté, & ledit Maistre des Ceremonies les trente-vn escu d'or autant que le Roy a d'années, pour les bailler à M. le Prince. Ce qu'estant faict, sa Majesté partit pour aller à l'Offerte, ayant deuant elle tous les Officiers, & portant elle-mesme son cierge, & apres elle M. le Prince portant l'argent, lequel il offrit en mesme temps que sa Majesté eut offert son cierge, puis tous les Officiers le reconduisirent en sa place. En suitte dequoy les Cheualiers allerent à l'Offerte deux à deux selon leurs rangs, les plus grands les premiers portant aussi chacun vn cierge auec vn escu y attaché, puis se remirent en leurs places au mesme ordre.

A l'*Agnus Dei*, le Preuost & Maistre des Ceremonies ayant deuant luy le Heraut & l'Huissier, partit pour aller querir M. le Cardinal Duc de Richelieu, afin d'apporter la Paix à baiser au Roy au mesme ordre qu'il auoit faict les Euangiles: Et le temps de la Communion estant venu, tous les Officiers marcherent deuant sa Majesté pour le conduire à la table, sadite Majesté estant suiuie de M. le Prince & de M. le Comte qui prirent les deux bouts de la nappe. M. le Prince le droict, & M. le Comte le gauche, tandis que sa Majesté communia, laquelle ayant communié par les mains de M. le Cardinal de Lion Grand Aumosnier officiant, se mit à genoux sur vn carreau, que le Maistre des Ceremonies luy auoit fait preparer proche de sa Chaise, & au mesme endroict où sadite Majesté auoit receu les Cheualiers le Samedy, pour voir communier tous lesdits Cheualiers & Officiers qui communierent chacun selon leur rang, les plus grands les premiers.

La Messe estant dite, toute la compagnie sortit au mesme ordre qu'elle estoit entrée, pour aller disner dans la salle du Bal où le festin estoit preparé, la table du Roy au haut de la salle proche la cheminée, & releuée plus haute que les autres. Celle de MM. les Cardinaux & Prelats à la main droite de sa Majesté, & celle des Commandeurs Cheualiers & Officiers à sa main gauche. Lesdits Cheualiers se mirent aussi au dessous desdits Cardinaux & Prelats du mesme costé, apres que les premieres places furent remplis au haut bout. Du costé gauche & apres les Cheualiers, se mirent le Preuost & Maistre des Ceremonies, le Grand Thresorier & le Secretaire. M. de Bullion Garde des Seaux ayant supplié le Roy de l'en dispenser, estant à remarquer qu'ils estoient tous assis d'vn costé de la table ainsi qu'aux Religions.

Apres auoir disné & assisté aux graces du Roy, chacun se retira chez soy iusques sur les trois heures, que tous les Cheualiers & Officiers se rendirent au mesme lieu d'où ils estoient partis le matin, tous vestus de noir auec leurs grands manteaux de dueil, & le Roy vestu de violet. Estans tous arriuez le Maistre des Ceremonies les fit marcher en leurs rangs pour aller à Vespres, qui furent dictes des Trespassez, & n'y eut autre ceremonie, sinon qu'estans acheuées, toute la compagnie reconduisit le Roy en sa chambre au mesme ordre qu'elle estoit venuë.

Le Lundy seiziesme dudit mois sur les huict heures du matin la Chapelle ardente estant preste, & le Maistre des Ceremonies ayant fait attacher toutes les Armes des Cheualiers decedez depuis la derniere creation, alla aduertir le Roy que tout estoit prest, & qu'il pourroit partir quand il luy plairoit, & lors sa Majesté se rendit au mesme lieu que les iours precedens, où toute la compagnie l'alla trouuer auec les mesmes habits que ceux du Dimanche au soir, & partirent ainsi tous au mesme ordre qu'ils auoiét fait ledit iour. Le Roy estant arriué, la Messe des Morts commença. M. l'Archeuesque de Narbonne Officiant, & n'y eut aucune ceremonie iusques à l'offerte, pour laquelle M. le Garde des Seaux & le Maistre des Ceremonies allerent à l'Autel au mesme ordre que le iour precedét prendre le cierge du Roy, & vn escu seulement. M. le Garde des Seaux baillant le cierge au Roy, & ledit Maistre des Ceremonies l'escu à M. le Prince, qui accompagna sa Majesté comme le iour de deuant. Sadite Majesté ayant aussi deuant elles tous les Officiers qui la reconduisirent en sa chaise, puis tous les Cheualiers allerent deux à deux à l'Offerte, apres que le Maistre des Ceremonies leur eust faict bailler à chacun vn cierge, où estoit attaché l'escusson de leurs Armes, n'y ayant que le Roy ce iour-là qui donna vn escu. Le reste de la Messe fut sans ceremonie, n'y ayant point de Paix à baiser, mais aussi tost qu'elle fut dicte, M. l'Archeuesque de Narbonne auec ses Acolites, Sous-Diacres, & Diacres vint deuant la Chapelle ardente, y iettant de l'eau benite, & disant vn *De profundis*, auec l'Oraison des Morts, & particulierement pour le feu Roy Henry III. Instituteur de l'Ordre; puis chacun se retira, conduisant le Roy comme le iour precedent, & ainsi finit la Ceremonie.

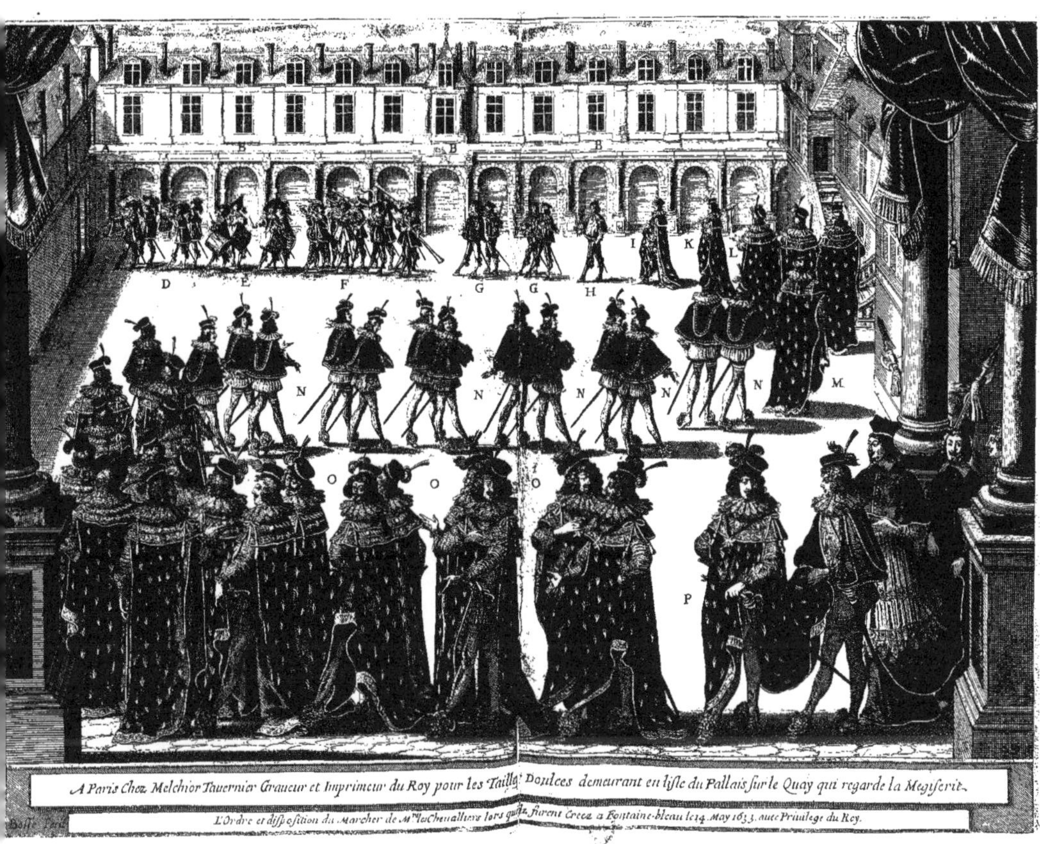
A B B B C
D E F G G H I K L
N N N N N N M
O O O
P
A Paris Chez Melchior Tauernier Graueur et Imprimeur du Roy pour les Taillg. Doulces demeurant en lisle du Pallais sur le Quay qui regarde la Megiserie.
L'Ordre et disposition du Marcher de Mrs les Cheualliers lors qu'ilz furent Creez a Fontaine-bleau le 14 May 1633. auec Priuilege du Roy.
Bosse fecit

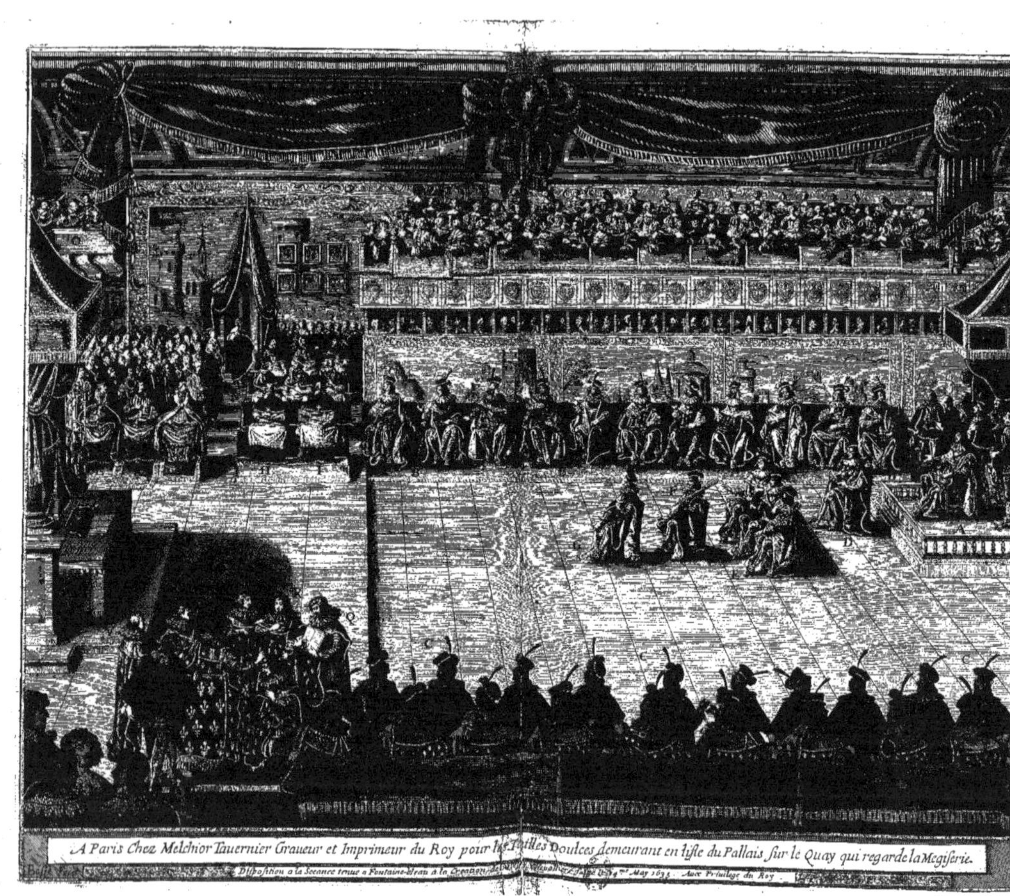
A Paris Chez Melchior Tauernier Graueur et Imprimeur du Roy pour les Tailles Doulces demeurant en l'isle du Pallais sur le Quay qui regarde la Megisserie.
Disposition a la Seeance tenue a Fontaine-bleau a la
May 1633. Auec Priuilege du Roy

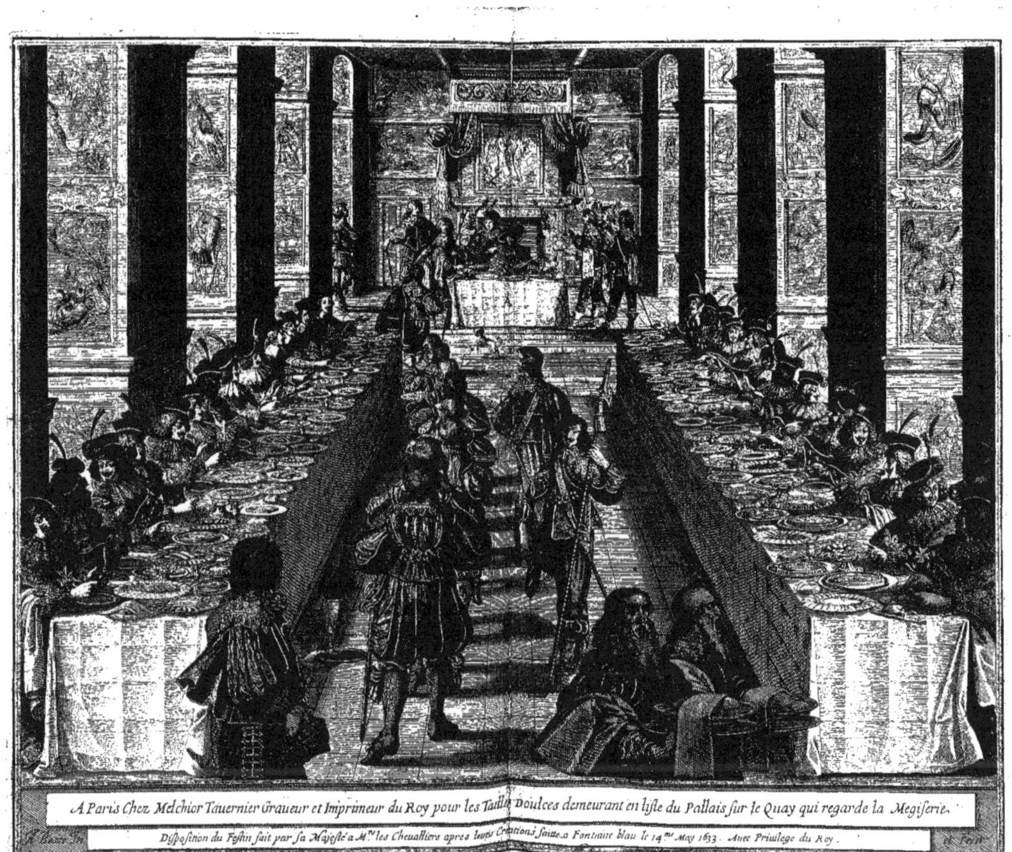

A Paris Chez Melchior Tauernier Graueur et Imprimeur du Roy pour les Taille Doulces demeurant en l'isle du Pallais sur le Quay qui regarde la Megiserie.

A. Bosse In. *Disposition du Festin fait par sa Majesté a M.rs les Cheualliers apres leurs Creations faitte a Fontaine blau le 14.me May 1633. Auec Priuilege du Roy.* et Fecit

EXPLICATION DE LA PREMIERE FIGVRE de la ceremonie faite à Fontainebleau, à la reception des Cheualiers du sainct Esprit.

DISPOSITION de l'ordre tenu au marcher, tant de M^rs les Cheualiers, Commandeurs, que des Nouices, lors qu'ils sortirent du departement de la Reyne Mere, où ils estoient tous assemblez.

A. La porte par où ils sortirent, en cheminant le long de la terrasse, marquée B. & entroient à la porte, marquée C. & de là au lieu où ils furent furent faits Cheualiers.
D. Les Trompettes, qui marchoient les premiers.
E. Les Tambours.
F. Les Fifres & Hauts-bois.
G. Quatre Herauts d'Armes, marchant deux à deux.
H. Le Roy d'Armes de France, marchant seul.
I. Le Sr de Bourg-neuf, Huissier de l'Ordre, marchant seul.
K. Le Sr du Pont, Heraut de l'Ordre, marchant seul.
L. Trois Officiers de l'Ordre ensemble, à sçauoir M^rs d'Acheres, Preuost & Maistre des Ceremonies, Bouthillier, grand Thresorier, & Duret-Chevry, Secretaire.
M. M. de Bullion, Garde des Seaux de l'Ordre, marchant seul.
N. M^rs les Cheualiers Nouices, marchant deux à deux, chacun en son rang.
O. M^rs les Commandeurs, marchant aussi deux à deux, chacun à son rang.
P. Le Roy, marchant seul; la queuë de son manteau, portée par M. le Marquis de Gesvres, & derriere sa Majesté M. le Cardinal, Duc de Richelieu, seul; vn Aumosnier portant sa queuë.

Explication de la seconde figure.

DISPOSITION de la Chappelle preparée en la Salle de la Belle Cheminée, pour la reception de M^rs les Cheualiers.

A. Lieu où le Roy estoit durant les Vespres, ayant à costé de luy M. le Comte, & derriere M. le Marquis de Gesvres; son Confesseur à droict, & cinq de ses Aumosniers à gauche.
B. Les bancs à droit & à gauche, où estoient assis M^rs les Commandeurs.
C. Autre banc, où estoient assis les Nouices qui deuoient estre faits Cheualiers.
D. M. de Bullion, Garde des Seaux de l'Ordre.
E. Trois Officiers de l'Ordre, à sçauoir M^rs d'Acheres, Bouthillier, & Duret, celuy-cy estant à la gauche dudit S^r d'Acheres, & celuy-là à sa droite.
F. Le Sr du Pont, Heraut de l'Ordre.

G. Le Sr de Bourg-neuf, Huissier de l'Ordre.

H. M. le Cardinal, Duc de Richelieu.

I. M. le Cardinal de la Vallette.

K. Derriere MM. les Cardinaux il y auoit deux bancs, en l'vn desquels estoient M[rs] les Archeuesques de Narbonne, de Paris, & de Bourdeaux; & en l'autre derriere eux estoient les Euesques d'Aire, & d'Orleans.

Et derriere ceux-cy estoient les Aumosniers de M[rs] les Prelats.

K. M. le Cardinal de Lion, Grand Aumosnier, qui officia.

L. L'Abbé d'Espierres, Diacre.

M. L'Abbé de Pontigny, Sous-Diacre.

N. Le lieu d'où on apportoit les manteaux des nouueaux Cheualiers.

O. La Musique de la Chambre.

P. Lieu où estoit le Roy, lors qu'il donnoit l'Ordre aux Cheualiers.

Q. M. de Bullion, tenant le liure, sur lequel il faisoit faire le serment à chacun des Cheualiers Nouices, auparauant que de receuoir le Collier des mains de sa Majesté.

R. M. Bouthillier, qui presentoit les Colliers à sa Majesté à mesure qu'elle les donnoit à chaque Cheualier.

S. Le Heraut de l'Ordre.

T. L'Huissier de l'Ordre.

V. M. Duret-Chevry, Secretaire de l'Ordre.

X. M. le Marquis de Gesvres.

Y. La Reyne, accompagnée de Mes-Dames la Comtesse de Soissons, Duchesses de Longueville, de Monbazon, de Rohan, & autres Dames.

Z. Les filles de la Reyne.

A l'opposite de l'eschaffaut de la Reyne il y en auoit vn autre où estoient M[rs] les Ambassadeurs, M. Seguier, Garde des Seaux de France, M[rs] les Conseillers & Secretaires d'Estat, M[rs] les Maistres des Requestes, M[rs] des Finances, Madame la Garde des Seaux, & les femmes de M[rs] les Officiers de l'Ordre.

Explication de la troisiesme figure.

L'Ordre ou disposition du Festin qui fut fait la Salle du Bal par le Roy à M[rs] les Cheualiers apres leur creation.

A. La Table de sa Majesté, où il estoit seul, & seruy par les cent Suisses de sa Garde.

Aux deux costez de la Salle estoient deux grandes Tables de la longueur d'icelle, où estoient assis M[rs] les Cheualiers tous d'vn costé, en l'ordre qu'on les voit representez dans la figure: Au haut bout de celle du costé droit de sa Majesté estoit assis M. le Cardinal, Duc de Richelieu, & apres luy les autres Ecclesiastiques, chacun en leur rang, tous seruis par lesdits cent Suisses, ausquels toutes les viandes qu'on desseruit furent données, selon la coustume pratiquée en pareille ceremonie.

LE ROY.

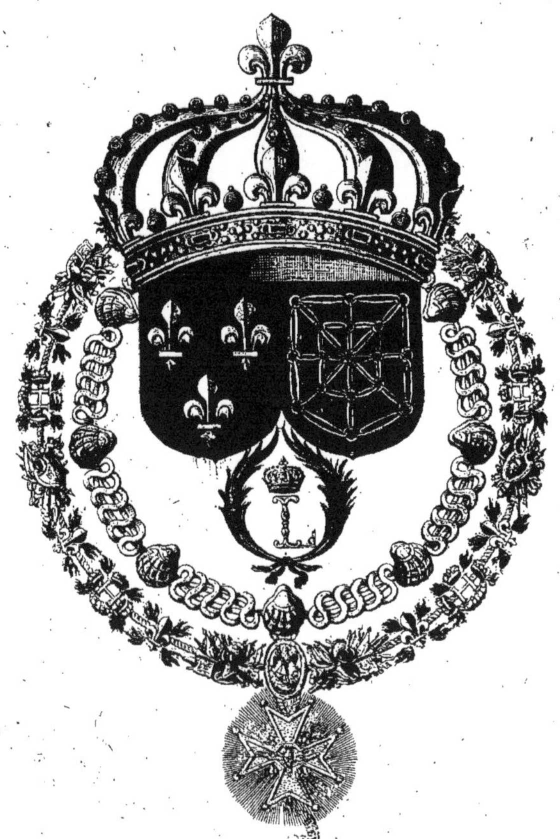

LOVIS LE IVSTE Treziesme du nom Roy de FRANCE & de NAVARRE, fils de HENRY LE GRAND Quatriesme du nom aussi Roy de FRANCE & de NAVARRE & de MARIE DE MEDICIS, & mary d'ANNE D'AVSTRICHE fille aisnée de Philippes Troisiesme Roy d'Espagne, & de Marguerite d'Austriche.

Porte deux Escussons ioints & accollez. Le premier d'azur a trois Fleurs de lys d'or, deux en chef & vne en pointe, qui est celuy des Armes de France. Le second de gueulles aux doubles chaisnes d'or, posées en orle, pal, fasce, bande & barre, qui est celuy des Armes de Nauarre, que quelques-vns par erreur blasonnent, vn rais d'escarboucle accollé & pommeté d'or.

Supports, ou Tenans. Deux Anges, l'vn à droict reuestu d'vne cotte d'armes d'azur semée de Fleurs de lys d'or, l'autre à gauche aussi reuestu d'vne cotte aux Armes de Nauuarre blasonnées cy-dessus.

Cimier vne double Fleur de lys d'or.

GRAND AVMOSNIER DE FRANCE.

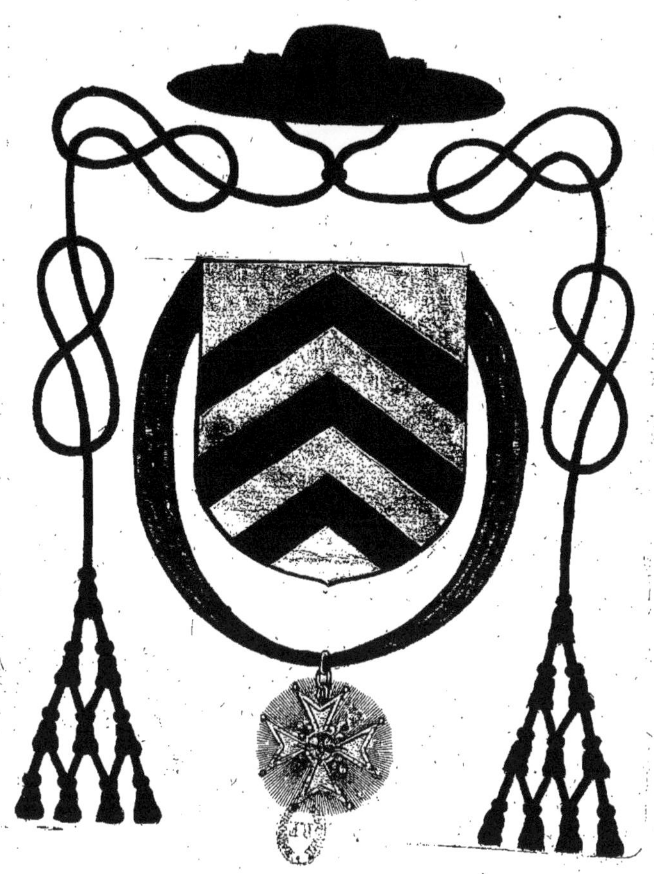

EMINENTISSIME ALPHONCE-LOVIS DV PLESSIS de Richelieu, Cardinal, Archeuesque & Comte de Lion, Primat des Gaulles, & Grand Aumosnier de France, par la demission d'Eminentissime François Cardinal de la Rochefoucaud, de laquelle charge il presta le serment entre les mains du Roy à Sainct Germain en Laye le Mercredy 24. Mars 1632. Il est frere aisné de Monseigneur l'Eminentissime Cardinal Duc de Richelieu.

Porte comme mondit seigneur l'Eminentissime Cardinal son frere, cy-apres feuillet 4.

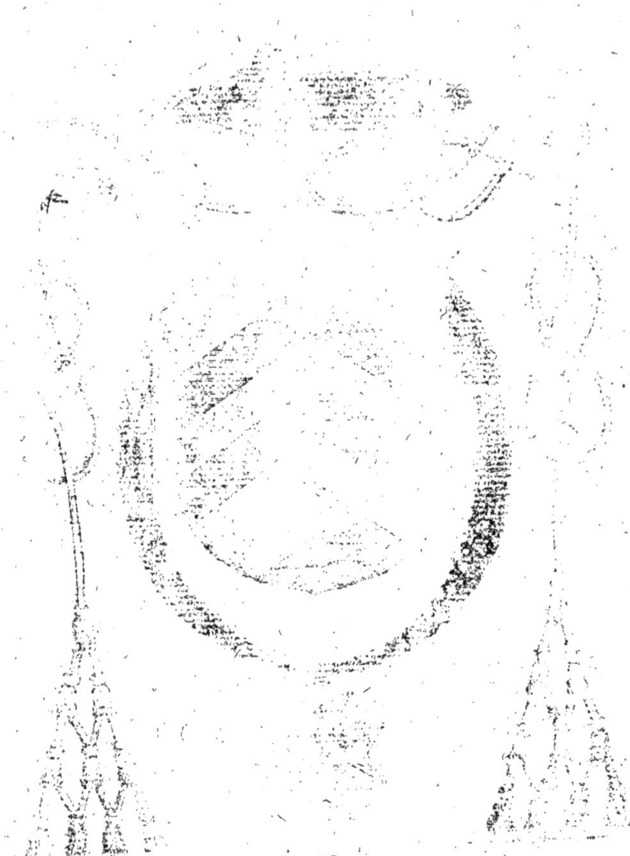

S'ENSVIVENT
LES
NOMS ET ARMES
DES COMMANDEVRS
ET CHEVALIERS DE
L'ORDRE DV S. ESPRIT.

Creez à Fontainebleau, le 14. iour de May 1633. veille de la Pentecoste.

MONSEIGNEVR LE CARDINAL DVC DE RICHELIEV.

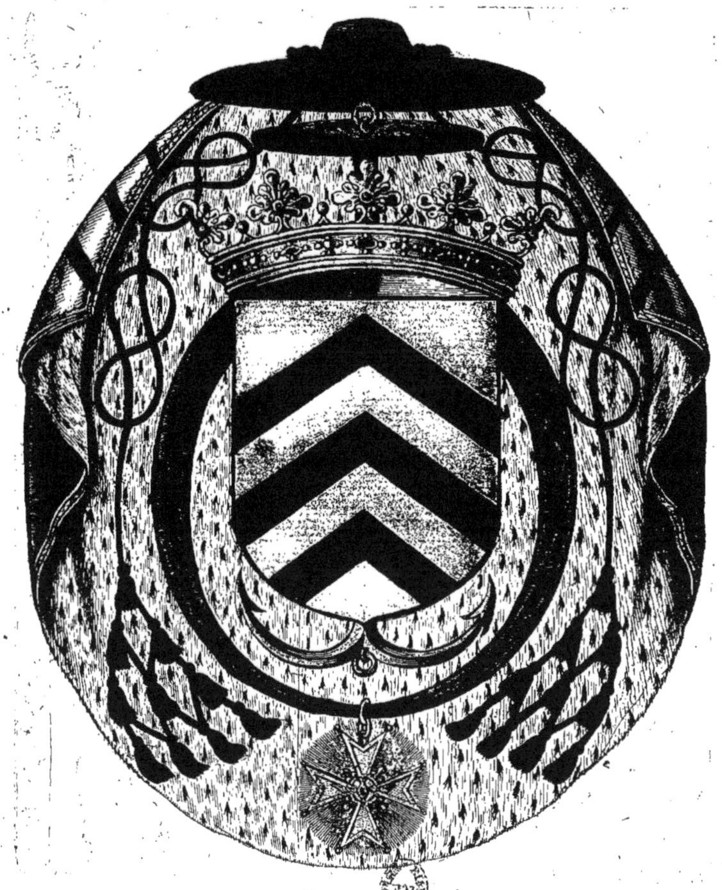

EMINENTISSIME ARMAND-IEAN DV PLESSIS, Cardinal Duc de Richelieu, Pair de France, Grand Maistre, Chef & Superintendant General de la nauigation & commerce de France, Gouuerneur de Bretagne, fils de François du Plessis, quatriesme du nom Seigneur de Richelieu, de Beçay & de la Veruoliere, Cheualier des Ordres du Roy, Conseiller en ses Conseils d'Estat & Priué, & Capitaine des gardes du corps de sa Majesté, & de Suzanne de la Porte.

Porte d'argent à trois cheurons de gueulles, qu'aucuns blasonnent à vn cheuron de trois pieces.

Ses Armes sont decorées d'vne Anchre qui les soustient, posée droicte sous l'escu, pour marque de sa dignité de Superintendant General de la nauigation & commerce de France.

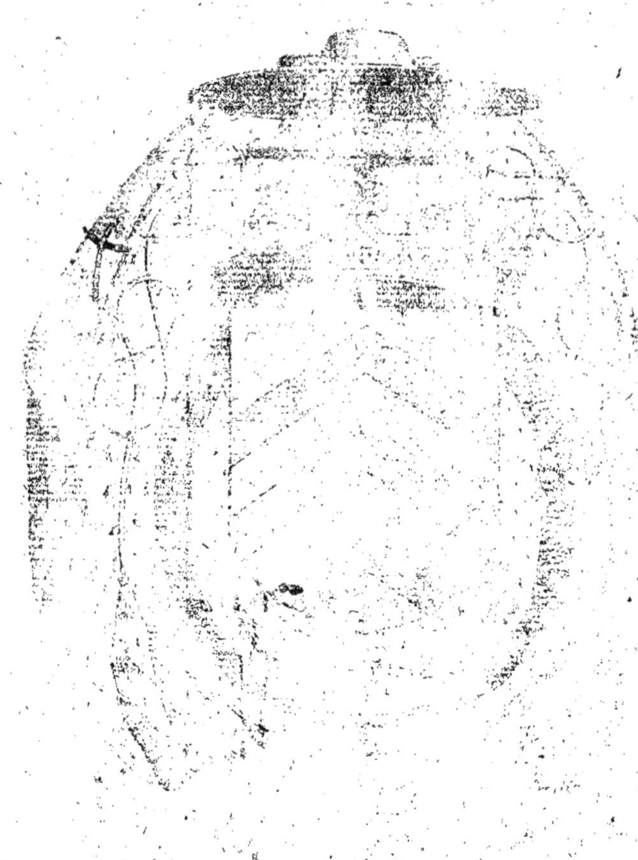

MONSEIGNEVR LE CARDINAL DE LA VALLETTE.

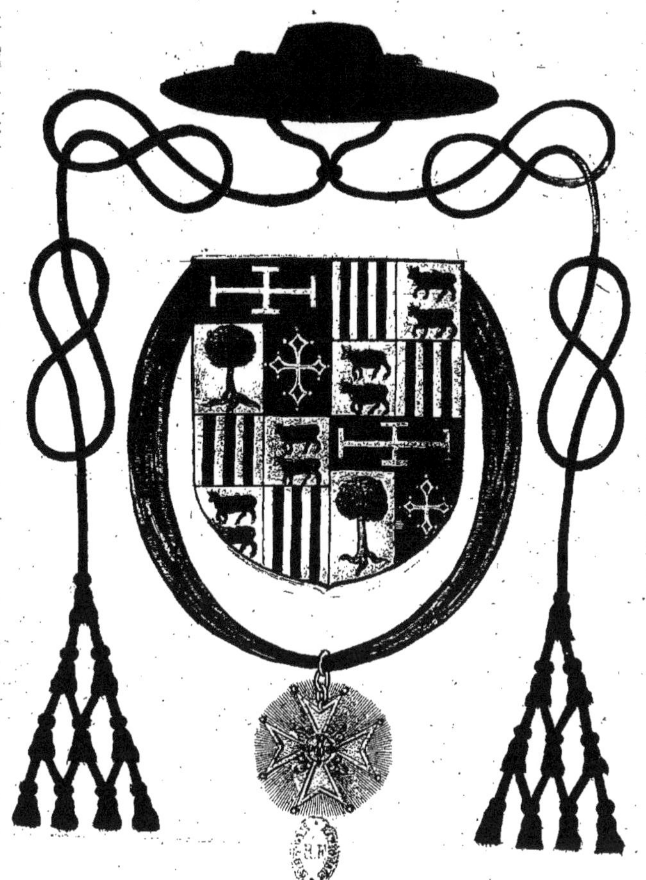

EMINENTISSIME LOVIS CARDINAL DE LA VALETTE, fils de Iean-Louis de Nogaret & de la Vallette, Duc d'Espernon Pair de France, Cheualier des Ordres du Roy Gouuerneur de Guyenne, & de Marguerite de Foix, de Candalle.

Porte escartellé au premier & quatriesme, party & coupé en chef, le premier party d'argent à l'arbre de sinople, qui est Nogaret, le second party de gueulles a la Croix vuidée & pommetée d'or qui est Tholose. Le chef de gueulles a la Croix potencée d'argent. Au deuxiesme & troisiesme cartier, escartellé: le premier & quatriesme d'or a trois pals de gueulles qui est Foix, le deuxiesme & troisiesme d'or a deux vaches passantes de gueulles posées l'vne sur l'autre, accornées, accollées & clarinées d'azur qui est Bearn.

M. L'ARCHEVESQVE DE NARBONNE.

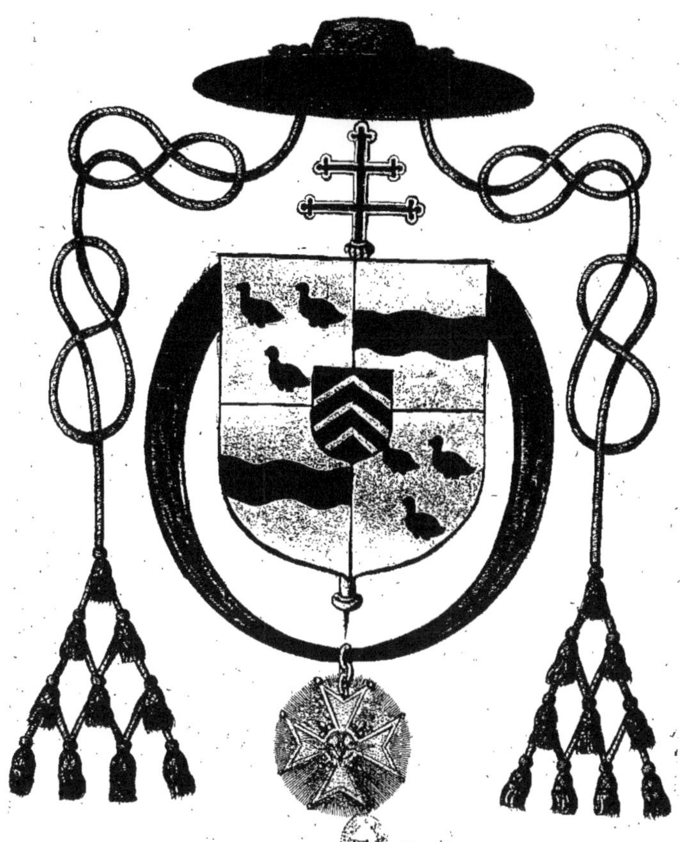

CLAVDE DE REBÉ Archeuesque & Primat de Narbonne, Conseiller au Conseil d'Estat du Roy, & President nay des Estats generaux de la Prouince de Languedoc, fils de Claude de Rebé Cheualier Seigneur dudit Rebé & de Thisy, Baron d'Amplepuis & de Chauaigny le lombard, & de Ieanne de Mezé.

Porte escartellé au premier & quatriesme, d'or a trois merlettes de sable, deux en chef & vne en pointe, qui est de Rebé, au deuxiesme & troisiesme, d'or a la fasce ondée de gueulles qui est de la Liegue, sur le tout de gueulles a trois cheurons d'argent, qui est de Fauerges.

M. L'ARCHEVESQVE DE PARIS.

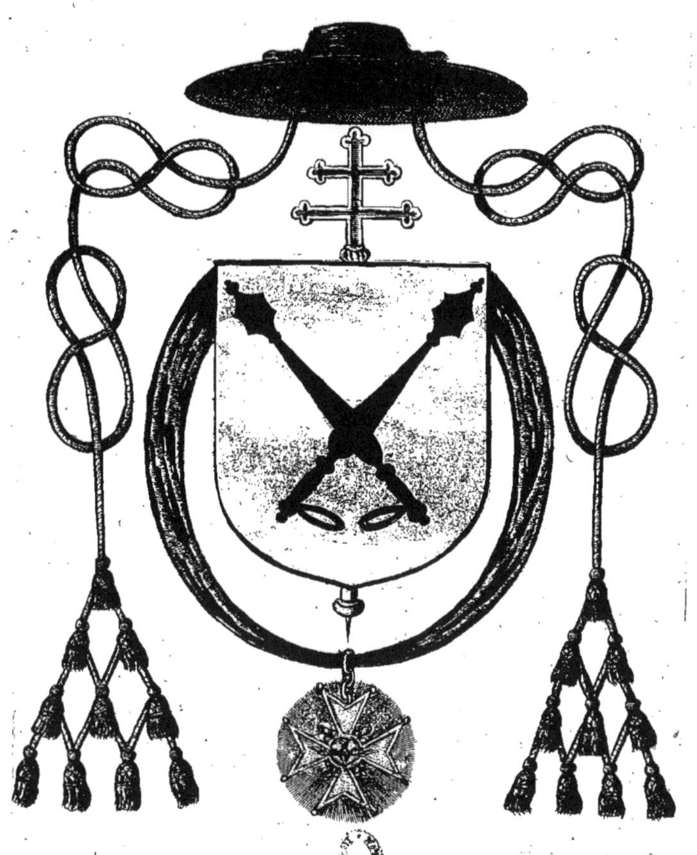

IEAN-FRANCOIS DE GONDY Premier Archeueſque de Paris, Conſeiller du Roy en ſes Conſeils & Maiſtre de ſa Chapelle, fils d'Albert de Gondy Duc de Rais, Pair & Mareſchal de France, Cheualier des deux Ordres, & de Claude-Catherine de Clermont.

Porte d'or a deux Maſſes d'Armes de ſable paſſées en ſautoir, liées de gueulles par embas.

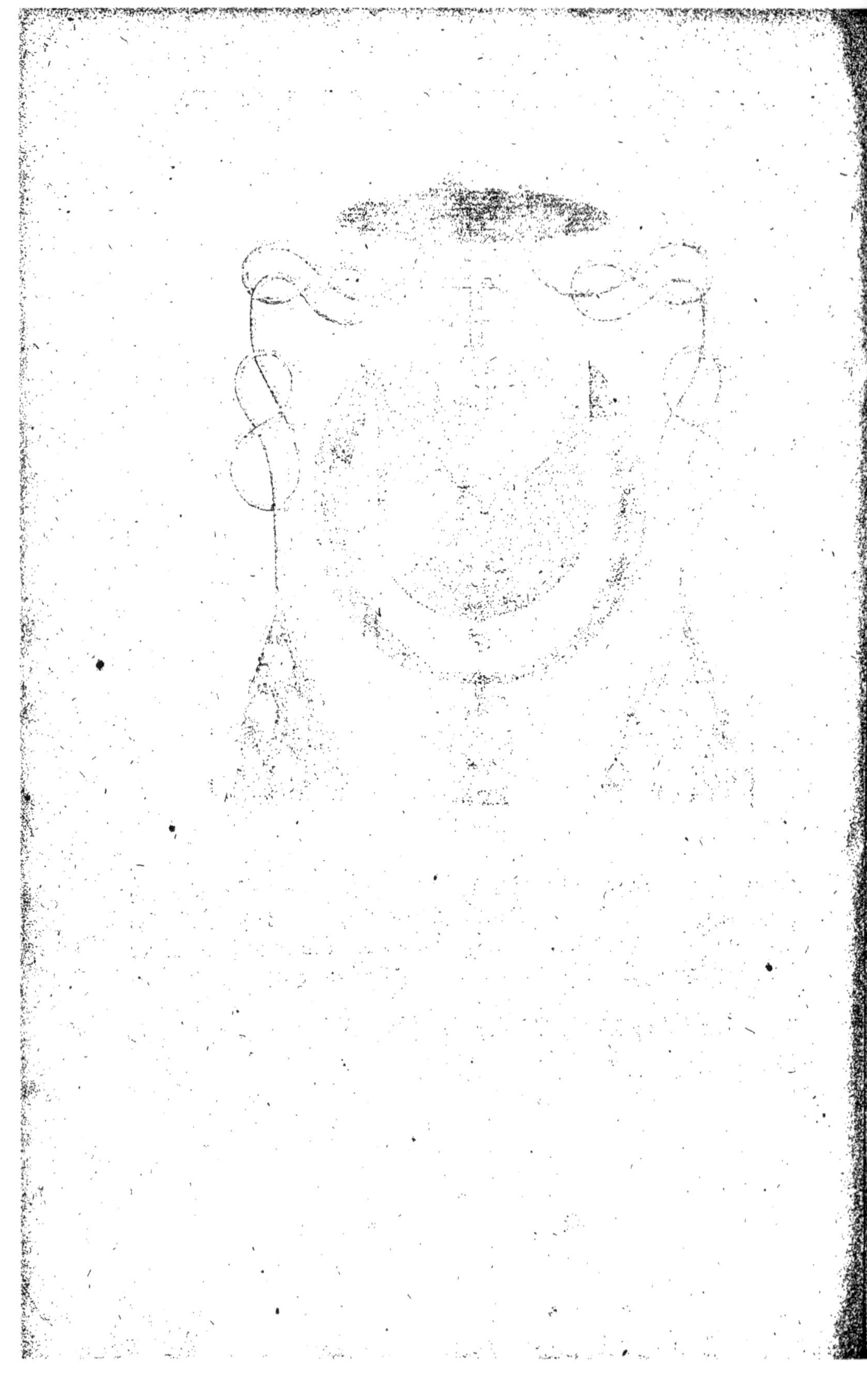

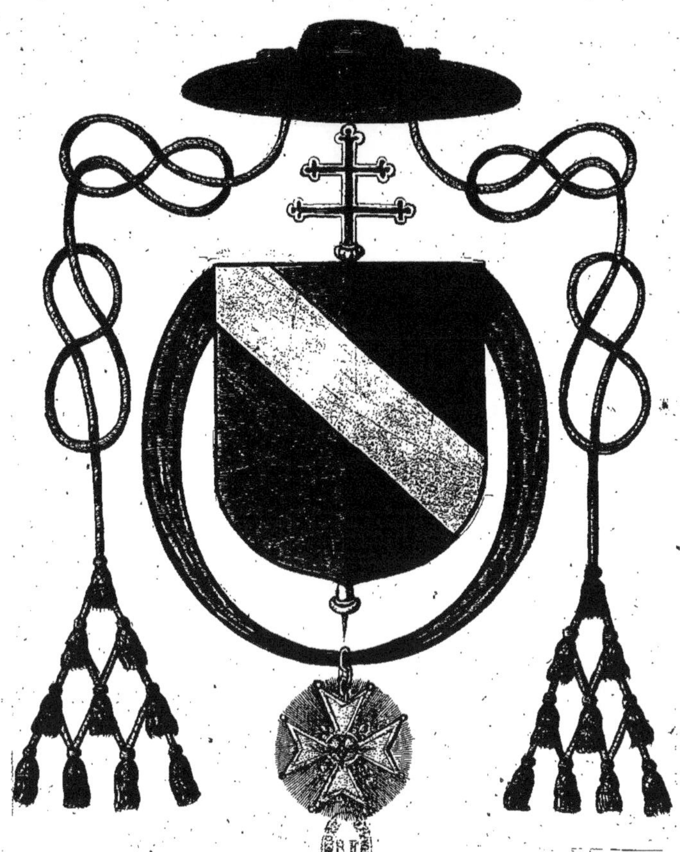

HENRY D'ESCOVBLEAV Archeuesque de Bourdeaux, Primat d'Aquitaine, Conseiller du Roy en ses Conseils, fils de François D'Escoubleau Seigneur de Sourdis & de Iouy, Cheualier des Ordres du Roy, Conseiller en son Conseil d'Estat, Capitaine de cinquante hommes d'Armes de ses Ordonnances, Premier Escuyer de la grande Escuyrie de sa Majesté, & d'Isabeau Babou de la Bourdaisiere.

Porte party d'azur & de gueulles a la bande d'or bronchant sur le tout.

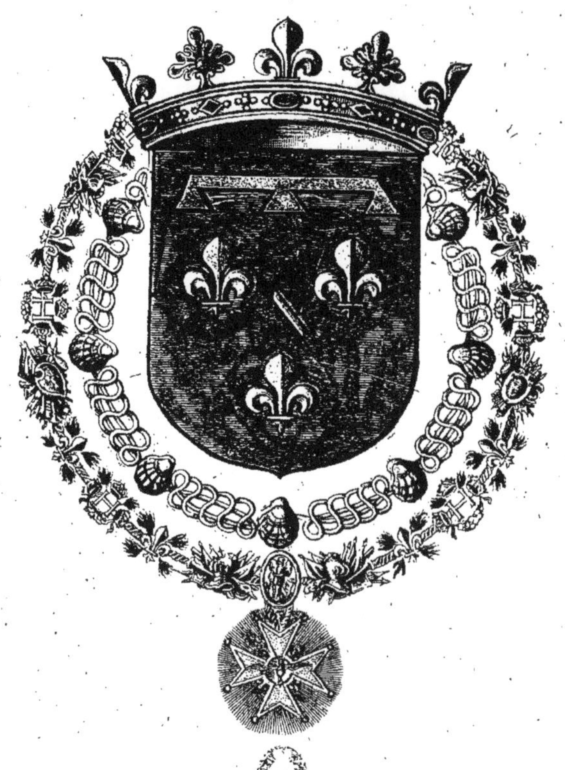

HENRY D'ORLEANS Duc de Longueuille & d'Estouteuille, Pair de France, Souuerain de Neuf-chastel en Suisse, Comte de Dunois, Gouuerneur & Lieutenant General pour le Roy en Normandie, fils de Henry D'Orleans I. du nom Duc de Longueuille & d'Estouteuille, Souuerain de Neuf-chastel, Comte de Dunois & de Tancaruille, Prince de Chastellaillon, Baron de Partenay Vouuant, Meruant, & Seigneur de Monstrueil-bellay, Cheualier des deux Ordres, Gouuerneur & Lieutenant General pour le Roy en Picardie & pays reconquis, & de Catherine de Gonzague & de Cleues, lequel a espousé Louise de Bourbon fille de Charles Comte de Soissons, & d'Anne de Montafié.

Porte d'azur a trois Fleurs de lys d'or, deux en chef & vne en pointe, au lambel d'argent a trois pendans posé en chef a vn baston aussi d'argent mis en bande.

Supports. Deux Anges au naturel.

Cimier vne double Fleur de lys d'or.

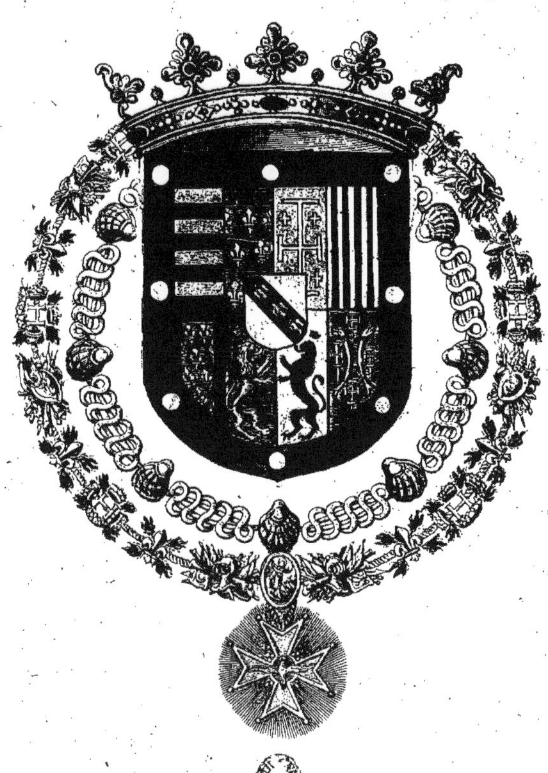

HENRY DE LORRAINE Comte de Harcourt, fils de Charles de Lorraine Duc d'Elbeuf, Cheualier des deux Ordres du Roy, Conseiller en son Conseil d'Estat, Capitaine de cent hommes d'Armes de ses Ordonnanees, & de Marguerite Chabot.

Porte party de trois & coupé d'vn qu'on dit escartellé de huict cartiers. Au premier fascé d'argent & de gueulles de huict pieces, qui est de Hongrie. Au 2. d'azur semé de Fleurs de lys d'or au lambel a trois pendans de gueulles mis en chef, qui est de Naples-Sicile. Au 3. d'argent a la croix potencée d'or, accompagnée ou cantonnée de quatre croisettes aussi d'or, qui est de Hierusalem. Au 4. d'or a quatre palz de gueulles, qui est d'Arragon. Au 5. & premier de la poinre semé de France, a la bordure de gueulles, qui est d'Anjou. Au 6. d'azur au lyon contourné d'or couronné & armé de gueulles, qui est de Gueldres. Au 7. d'or au lyon de sable lampassé de gueulles, qui est de Flandres. Au 8. & dernier d'azur a deux bars addossez d'or semé de croix recroisettées au pied fiché aussi d'or, qui est de Bar. Sur le tout d'or a la bande de gueulles chargée de trois allerions d'argent, qui est Lorraine. Le grand Escu brisé en chef d'vn lambel a trois pendans de gueulles, soubs-brisé d'vne bordure de gueulles chargée de huict besans d'or.

Supports. Deux Aigles de sable chargées en l'estomac d'vne croix recroisée d'or, qu'on appelle vulgairement Croix de Lorraine.

Cimier vne demie Aigle de mesme.

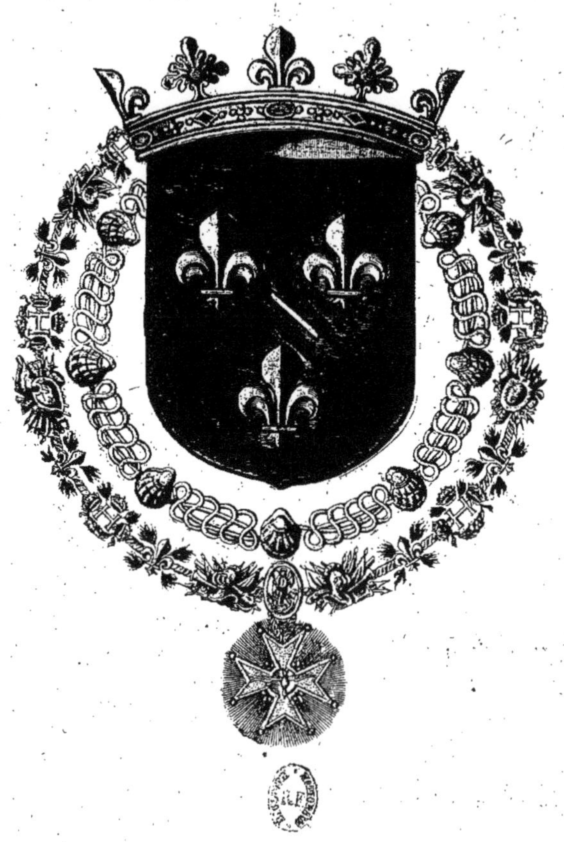

LOVIS DE VALOIS Comte d'Alais, Colonnel General de la Caualerie legere de France, fils de Charles de Valois Duc d'Angoulesme, Pair de France, Comte d'Auuergne, aussi Colonnel General de la Caualerie legere de France, & de Charlotte de Montmorency, lequel a espousé Henriette de la Guiche.

Porte d'azur a trois Fleurs de lys d'or, deux en chef & vne en pointe au baston raccourcy d'or posé en bande.

Supports.

Cimier.

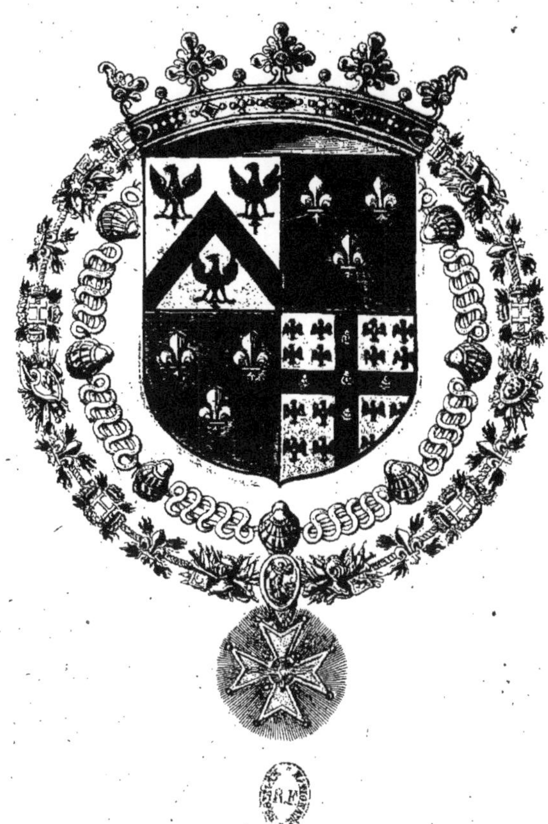

HENRY SEIGNEVR DE LA TREMOILLE Duc de Thouars, Pair de France, Prince de Talmont, Comte de Laual, fils de Claude aussi Seigneur de la Tremoille Duc de Thouars, Pair de France, Comte de Guines & de Taillebourg, Baron de Suilly, l'Isle-Bouchard, Berrie & Mauleon, & de Charlotte de Nassau, lequel a pour femme Marie de la Tour fille aisnée de Henry de la Tour Duc de Bouillon, Mareschal de France.

Porte escartellé au premier d'or au cheuron de gueulles, accompagné de trois Aigles d'azur, deux en chef & vne en pointe, qui est de la Tremoille. Au 2. d'azur a trois Fleurs de lys d'or. 2. 1. qui est France pur. Au 3. d'azur a trois Fleurs de lys aussi d'or au baston de gueulles pery en bande, qui est de Bourbon. Au 4. d'or a la Croix de gueulles chargée de cinq coquilles d'argent, & accompagnée de Seze alerions d'azur, qui est de Laual.

Supports, deux Aigles d'or.

Cimier vne teste d'Aigle d'azur becquée d'or.

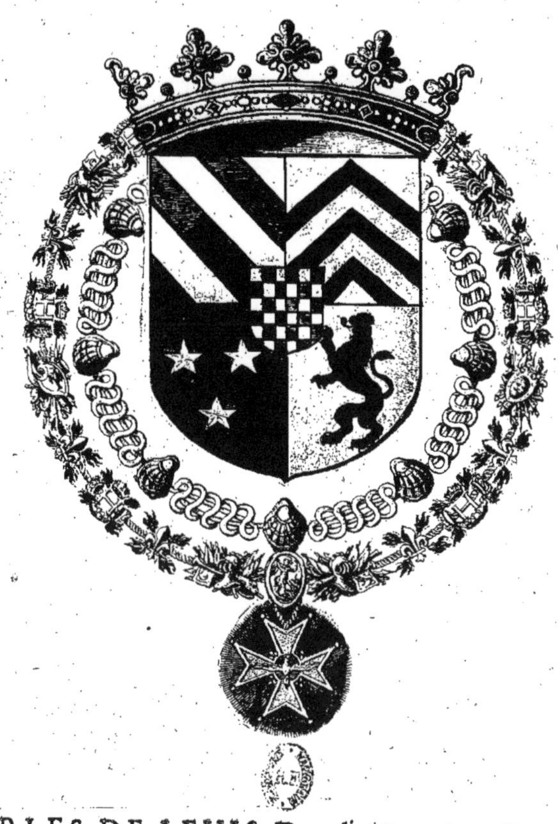

CHARLES DE LEVIS Duc de Ventadour, Pair de France, Lieutenant General pour le Roy au gouuernement de Languedoc, fils de Anne de Leuis aussi Duc de Ventadour, Pair de France, Comte de la Voute, Baron de Donzenac, de Boussac, Roche en Renier, Annonay, Cornillon & Vauuert, Conseiller du Roy en ses Conseils, Cheualier de ses Ordres, Lieutenant General pour sa Majesté au susdit pays de Languedoc, & de Marguerite de Montmorency.

Porte escartellé. Au premier bandé d'or & de gueulles de six pieces, qui est de Villars en Bresse. Au 2. d'or a trois cheurons de sable, qui est de Leuis. Au 3. de gueulles a trois trois Estoilles d'or, deux en chef & vne en pointe, qui est d'Anduze. Au 4. d'argent au lyon de gueulles, qui est de Layre. Sur le tout eschiqueté d'or & de gueulles, qui est de Ventadour.

Supports.

Cimier.

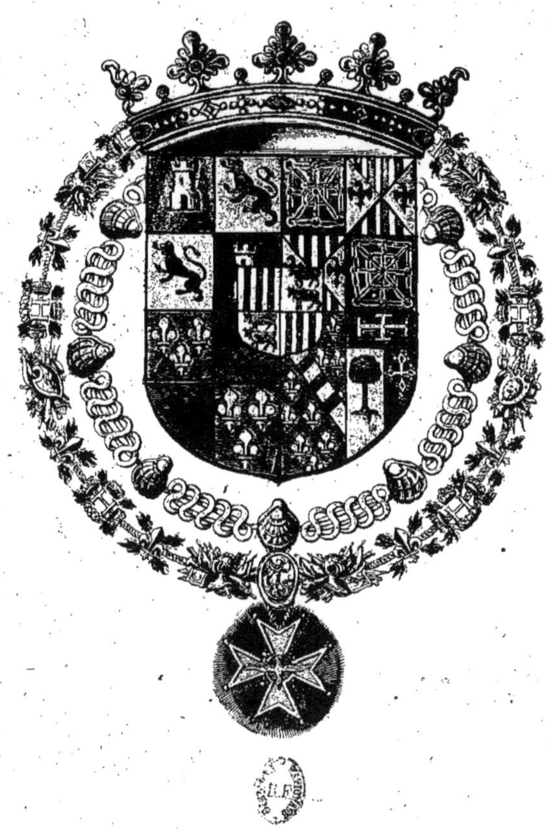

HENRY DE FOIX DE LA VALLETTE Duc de Candalle, Pair de France, Prince de Buch, frere aiſné de Monſeigneur l'Eminentiſſime Cardinal de la Vallette.

Porte eſcartellé, contreſcartellé. Au premier grand cartier eſcartellé de gueulles au chaſteau d'or, qui eſt de Caſtille, & d'argent au lyon de gueulles, qui eſt de Leon. Le 2. grand cartier eſcartellé de gueulles aux armes de Nauarre blaſonnées cy-deuant, & d'or à quatre palz de gueulles flanché d'argent a deux Aigles de ſable, qui eſt d'Arragon-Sicile. Au 3. grand cartier eſcartellé, d'azur a trois Fleurs de lys d'or. 2. 1. & de gueulles tout plain, qui eſt France & Albret. Au 4. grand cartier party le premier ſemé de France au baſton mis en bande componné d'argent & de gueulles de huict pieces, qui eſt d'Eureux contreparty de Nogaret & de Tholoſe, blaſonnez cy-deuant, au chef de gueulles a la croix potencée d'argent, ſur le tout deſdits grands cartiers eſcartellé des Armes de Foix & Bearn, auſſi blaſonnées cy-deuant.

Supports, deux Griffons d'or.

Cimier vne teſte d'Aigle naturelle.

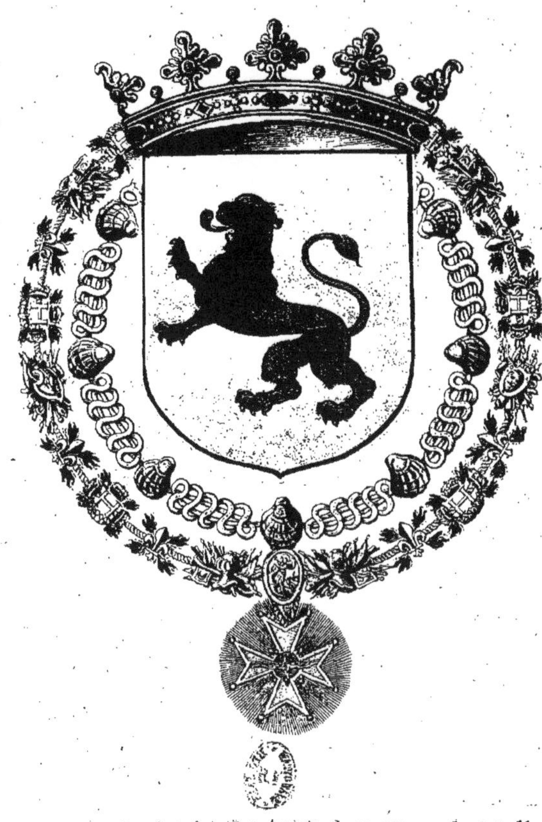

CHARLES DE SCHOMBERG Duc de Hallewin, Pair de France, Colonnel des Reiſtres, Mareſchal des trouppes Allemandes, & Gouuerneur de Languedoc, fils de Henry de Schomberg Comte de Nantueil, Cheualier des deux Ordres du Roy, Conſeiller en ſes Conſeils d'Eſtat & Priué, Capitaine de cent hommes d'armes de ſes Ordonnances, Gouuerneur de la Marche, Lieutenant general pour ſa Majeſté en Limoſin, Colonnel de quinze cens cheuaux Reiſtres, Mareſchal de camp general des Allemans ſeruans en France, Mareſchal de camp és Armées de France; Surintendant des Finances, Mareſchal de France, Gouuerneur du Languedoc, & de Françoiſe D'Eſpinay, heritiere dudit lieu en Bretagne, lequel a pour femme Anne de Hallewin.

Porte d'or au lyon coupé, le haut de gueulles & le bas de ſinople.

Supports, deux lyons des Armes de la Maiſon.

Cimier vn lyon naiſſant de meſme.

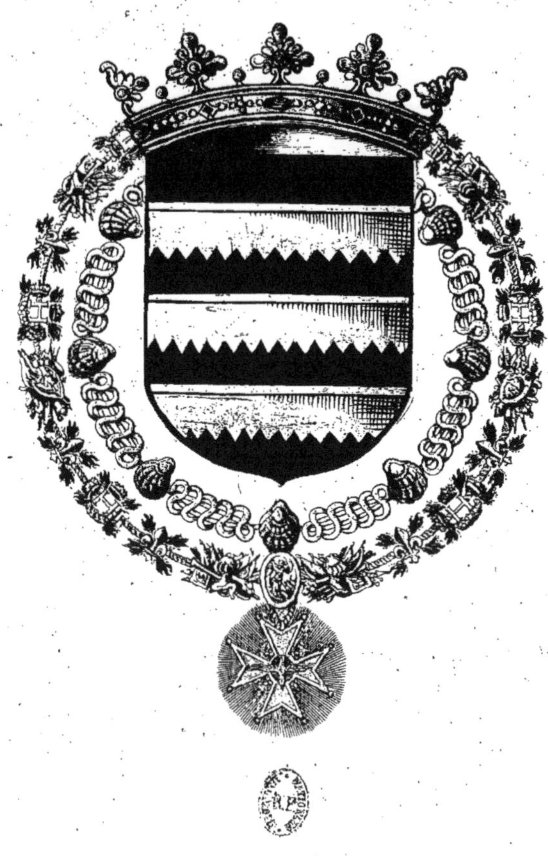

FRANCOIS DE COSSE´ Duc de Briſſac, Pair & Grand Panetier de France, Lieutenant general pour le Roy en Bretagne, fils de Charles de Coſſé, Comte, puis Duc de Briſſac, Pair & Mareſchal de France, Cheualier des deux Ordres, Gouuerneur de Bretagne, & de Iudith d'Acigné.

Porte de ſable a trois faſces dentellées d'or par embas, que quelques-vns blaſonnent feuilles de Scies.

Supports, deux Aigles d'or.

Cimier vne demie Aigle de meſme.

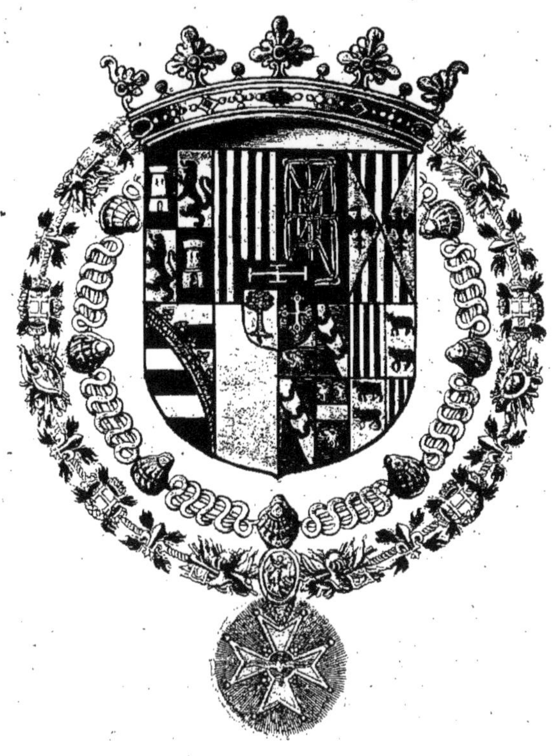

BERNARD DVC DE LA VALLETTE Pair & Colonnel General de France, Comte de Senlis, Gouuerneur & Lieutenant general pour le Roy en ses Ville, Citadelle, Pays & Euesché de Mets, frere de M. le Duc de Candalle, lequel a esté marié auec Gabrielle legitimée de France, fille du feu Roy Henry le Grand & de Henriette de Balsac.

Porte escartellé. Le premier cartier escartellé des Armes de Castille & de Leon blasonnées cy-deuant, & party de celles d'Arragon aussi blasonnées cy-dessus. Le 2. grand cartier party des Armes de Nauarre & de celles d'Arragon-Sicile. Le 3. grand cartier aussi party le premier, fascé d'or & de sable de huict pieces à la demie couronne ou crancelin de sinople posé en bande, qu'aucuns blasonnent vne escharpe de ruë bronchant sur le tout, qui est de Saxe. Le 2. party d'or plain, qui est de Bourdeaux-Puypaulin. Le 4. grand cartier escartellé d'azur à la fasce d'or, accompagnée de trois testes de lyons de mesme, deux en chef & vne en pointe, qui est de Poll en Angleterre, & d'azur à la bande d'argent chargée de trois vols de sable, qui est de Suffolc-Candalle au mesme pays, contrescartellé de Foix & de Bearn. Sur le tout des grands cartiers, les Armes de Nogaret parties, & coupées en chef cy-dessus blasonnées.

Supports, deux lyons naturels.

Cimier vne teste d'Aigle naturelle.

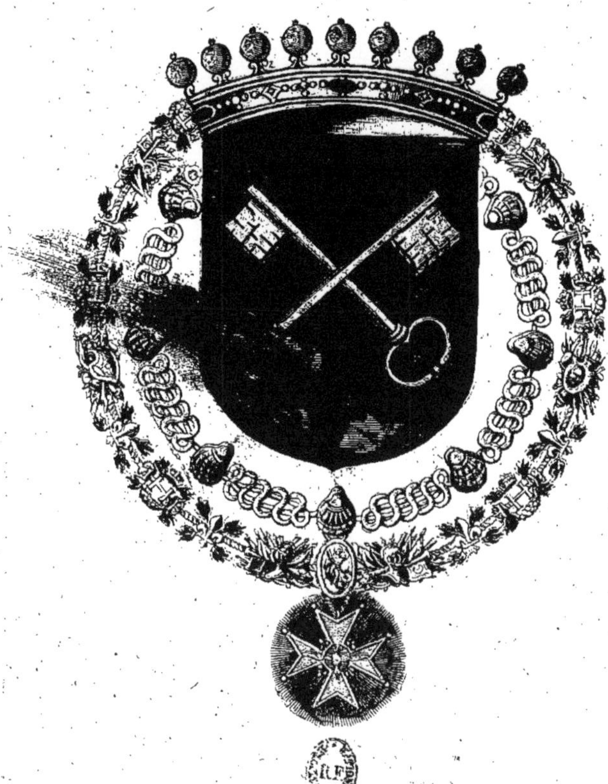

CHARLES-HENRY COMTE DE CLERMONT & de Tonnerre, Marquis de Crusy, Premier Baron, Conneſtable & grand Maiſtre hereditaire du Dauphiné, Baron d'Ancy le franc, Conſeiller du Roy en ſes Conſeils d'Eſtat & Priué, Capitaine de cent hommes d'armes de ſes Ordonnances, fils de Henry Baron de Clermont en Viennois, Vicomte de Clermont en Trieues & de Tallart, Premier Baron du Dauphiné, Lieutenant general pour le Roy en Bourgongne, Bailly d'Auxerre, & de Diane de la Marck, lequel de Catherine D'Eſcoubleau de Sourdis ſa femme, a eu pluſieurs enfans, dont l'aiſné nommé François porte la qualité de Comte de Clermont, & eſt Maiſtre de camp du Regiment de Piedmont.

Porte de gueulles a deux clefs d'argent paſſées en ſautoir.

Supports, deux lyons d'or, l'vn tenant vn guidon des Armes de France, & l'autre vn de celles du Dauphiné.

Cimier, vne Thiare papalle d'or.

ſ

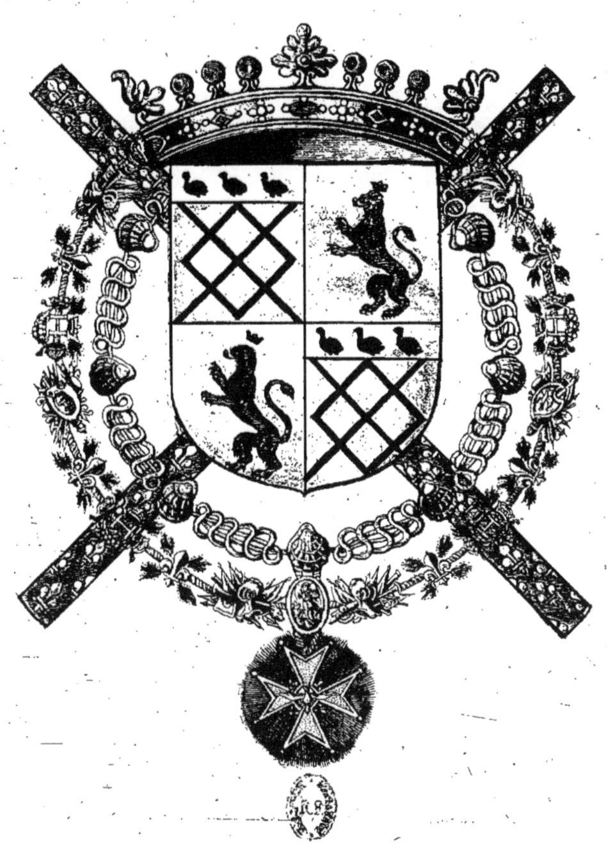

FRANCOIS-ANIBAL D'ESTREES Seigneur dudit lieu, Marquis de Cœuures, Premier Baron & Seneſchal de Boullonois, Mareſchal de France, fils de Antoine Seigneur d'Eſtrées & de Cœuures, Premier Baron & Seneſchal de Boullonois, Cheualier des deux Ordres, Gouuerneur de la Fere, Grand-Maiſtre de l'Artillerie de France, & de Françoiſe Babou de la Bourdaiſiere, lequel a eſpouſé Marie de Bethune.

Porte eſcartellé. Au premier & 4. d'argent frettê de ſable de ſix pieces, au chef d'or chargé de trois merlettes de ſable, qui eſt d'Eſtrées. Au 2. & 3. d'or au lyon d'azur couronné & lampaſſé de gueulles, qui eſt de la Cauchie ou Chauſſée en Boullonois.

Supports.

Cimier.

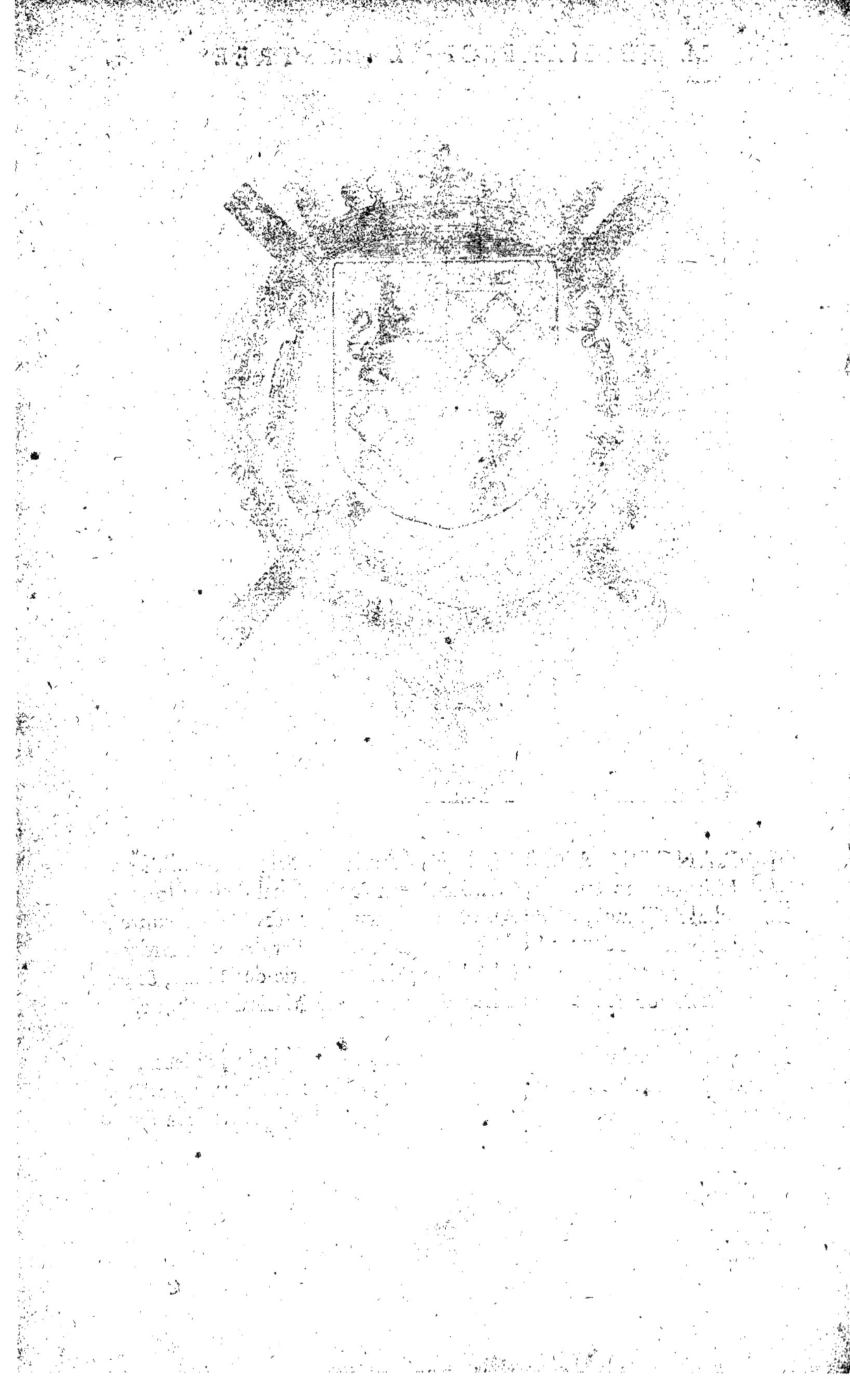

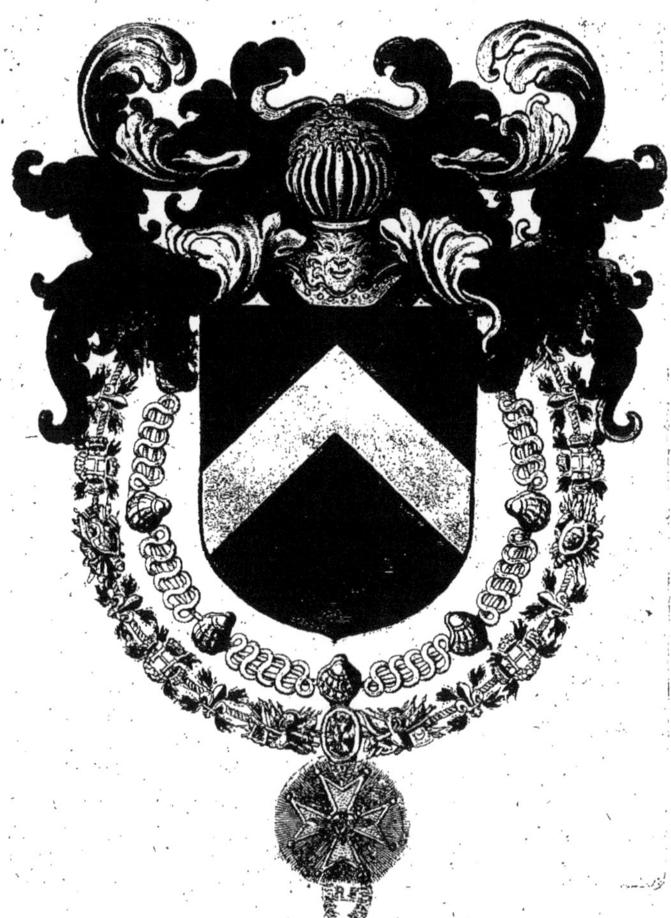

IEAN DE NETTANCOVRT Seigneur de Vaubecourt, Baron d'Orne & de Choiseul, Conseiller du Roy en ses Conseils d'Estat & Priué, Mareschal de ses camps & armées, Gouuerneur de Chaalons, fils de Iean de Nettancourt aussi Seigneur de Vaubecourt & d'Vrsulle de Haussonuille, lequel de Catherine de Sauigny sa femme a eu Nicolas de Nettancourt, Baron dudit Haussonuille, marié auec Charlote de Vergeur, fille de Charles Baron de Vergeur, Comte de sainct Souplet, Bailly & Seneschal de Vermandois, & de Ieanne de Fleurigny.

Porte de gueulles au cheuron d'or.

Supports, deux Griffons d'or.

Cimier vne teste de chien d'or collettée de gueulles.

HENRY DE SENETERRE, Lieutenant du Roy en Champagne, fils de François Seigneur de Seneterre & de la Ferté-nabert, Cheualier des deux Ordres du Roy, & de Ieanne de Laual, qui a pour femme Marguerite de la Chastre, de laquelle il a eu trois enfans, dont l'aisné nommé Henry comme luy, a espousé Charlote des Boues de Coutenan.

Porte d'azur à cinq fusées d'argent posées en fasce.

Supports, deux Lyons naturels.

Cimier, vne teste de Cerf au naturel, brisée d'vne gerbe de bled d'or.

X

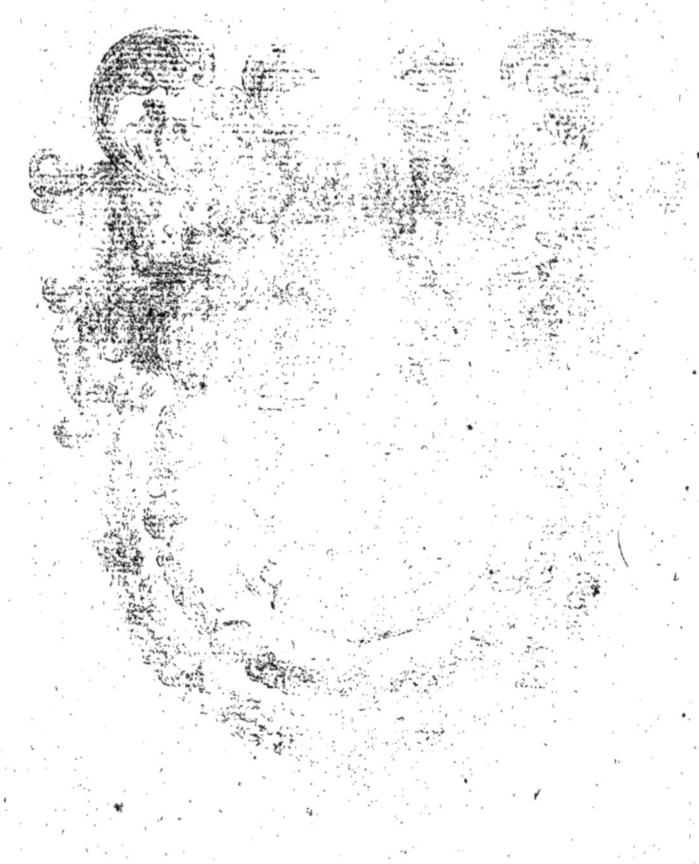

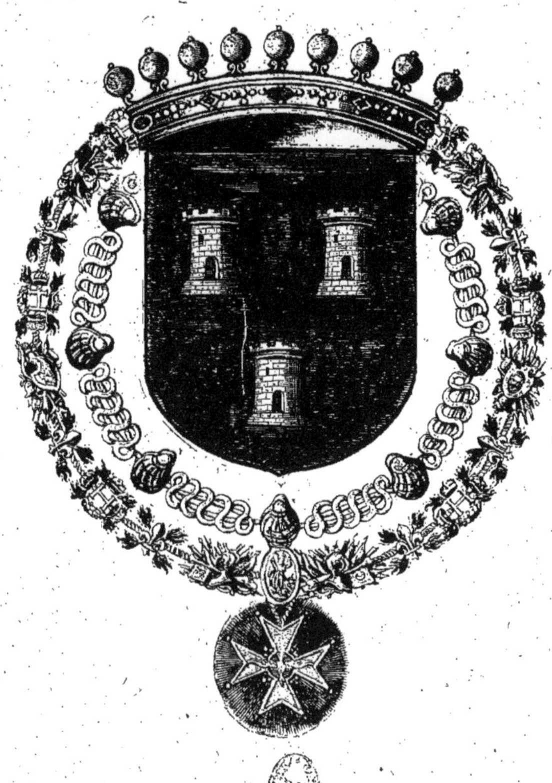

PHILIBERT VICOMTE DE POMPADOVR, Conseiller du Roy en ses Conseils, & son Lieutenant general au gouuernement de Limosin, fils de Louis aussi Vicomte de Pompadour, & de Peronne de la Guiche, lequel est marié auec Marie Fabry, sœur de Madelene Fabry, femme de M. Pierre Seguier, Garde des Seaux de France.

Porte d'azur à trois Tours d'argent maçonnées de sable, deux en chef, & vne en pointe.

Supports, deux Griffons d'or.

Cimier, vne teste d'Amazone au naturel, pennachée d'argent & d'azur.

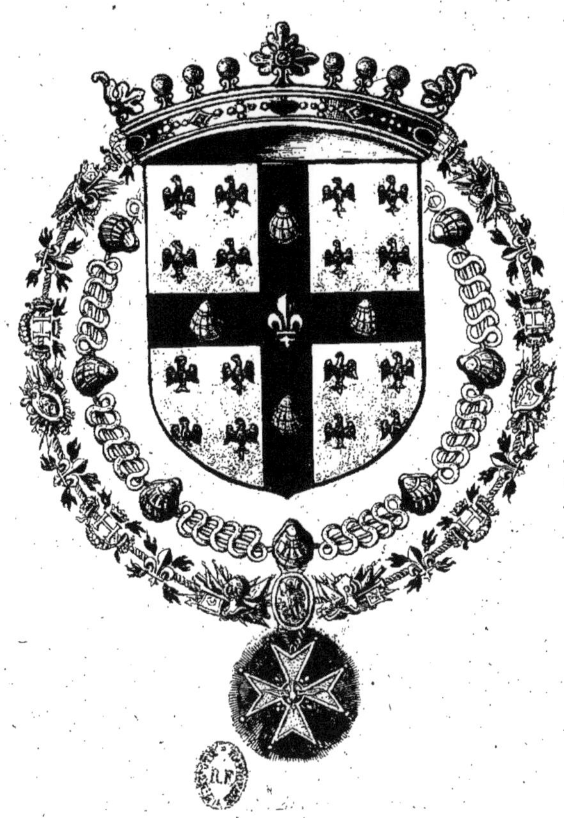

RENE' DE LAVAL, DIT AVX-ESPAVLLES, Marquis de Neelle, Mareschal des camps & armées de France, Gouuerneur des Ville, Chasteau & Citadelle de la Fere, fils de François Aux-Espaulles, Cheualier, Seigneur de Pizi & de Presles, & de Gabrielle de Laual, Marquise de Neelle, qui a esté marié auec Marguerite de Montluc.

Porte d'or à la croix de gueulles, chargée de quatre coquilles d'argent, & d'vne Fleur de lys d'or en cœur, cantonnée de seize alerions d'azur, qui sont les Armes de la Maison de Laual, & la Fleur de lys celles de la Maison des Espaulles, de laquelle estoit le feu Seigneur de saincte Marie du Mont en Normandie.

Supports, deux Aigles d'or.

Cimier, vne demie Aigle aussi d'or.

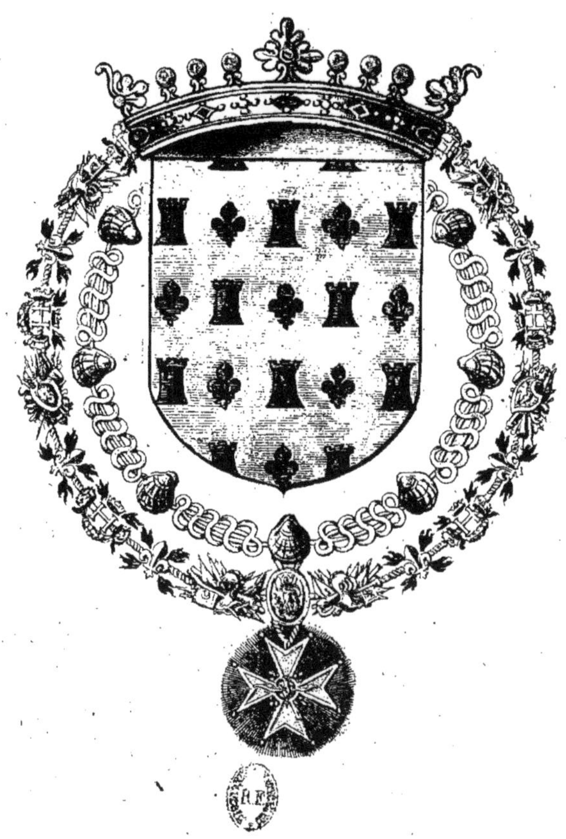

GVILLAVME DE SIMIANE, Marquis de Gordes, Conſeiller d'Eſtat, Gouuerneur de la Ville & Citadelle du Pont ſainct Eſprit, & Premier Capitaine des gardes du corps, fils de Balthazard de Simiane Seigneur de Gordes, & d'Anne de ſainct Marcel-d'Auançon, lequel a eſpouſé Marguerite de Ponteues, fille de feu M. le Comte de Carces en Prouence.

Porte d'or ſemé de Tours & de Fleurs de lys d'azur.

Supports.

Cimier.

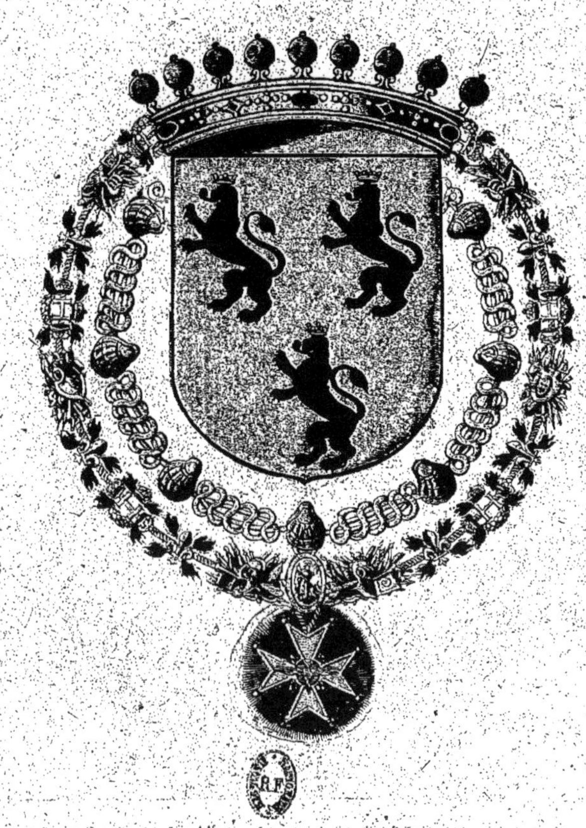

CHARLES COMTE DE LANNOY, Seigneur de la Boissiere, Premier Maistre d'Hostel du Roy, Gouuerneur de Monstreul, fils de Christophle de Lannoy, aussi Seigneur de la Boissiere & de Brunay, Gouuerneur de la Ville & Citadelle d'Amiens, & de Charlote de Villers-sainct-Pol, qui a espousé Anne D'Aumont de Chappes.

Porte d'argent à trois lyons de sinople couronnez d'or, armez & lampassez de gueulles, deux en chef, & vn en pointe.

Supports, deux Licornes d'argent.

Cimier, vne teste de Licorne aussi d'argent.

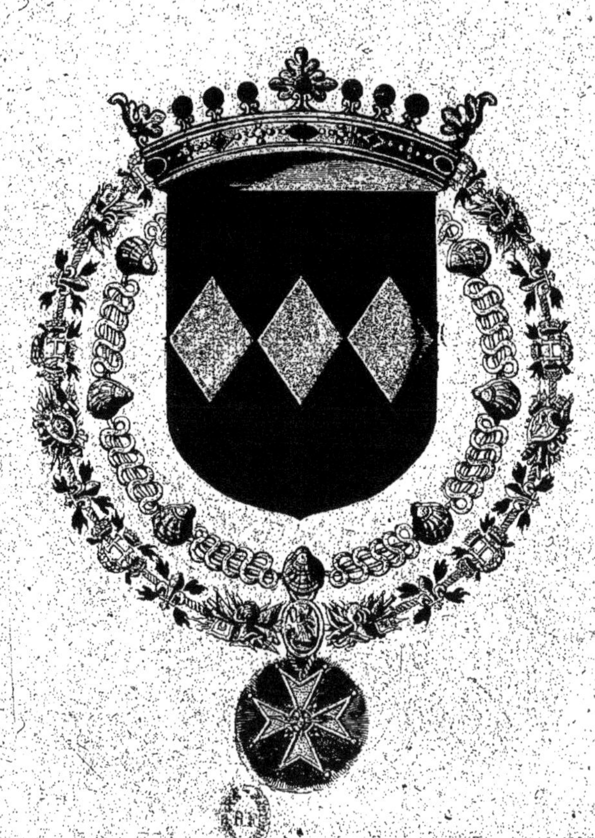

FRANCOIS DE NAGV, Marquis de Varennes, Baron de Merzé, Cheualier de la Cour de Parlement de Bourgongne, & Gouuerneur d'Aigues-mortes, fils de Iean de Nagu Seigneur de Varennes, Baron de Lurcy, Cheualier de l'Ordre du Roy, & du mesme Parlement de Bourgongne; Lieutenant d'vne compagnie de cinquante hommes d'armes des Ordonnances, Gouuerneur pour sa Majesté en la ville de Mascon & pays Masconnois, & de Philiberte de Loges, lequel a esté marié auec Eleonor du Blé de la Maison d'Huxelles, & en a eu plusieurs enfans.

Porte d'azur à trois fusées d'argent posées en fasce.

Supports, deux Lyons d'or.

Cimier, vn musle de lyon presentant les deux pattes, estranglant vn Renard.

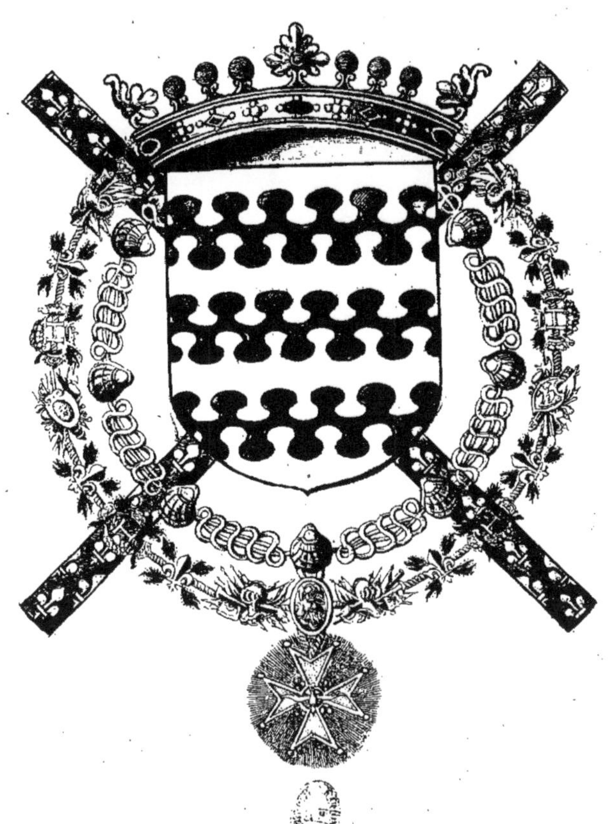

VRBAN DE MAILLÉ, Marquis de Brezé, Mareſchal de France, Gouuerneur de Calais & de Saumur, fils de Charles de Maillé Seigneur de Brezé, & de Iaqueline de Teualle; a eſpouſé Nicole du Pleſſis, ſœur de Monſeigneur l'Eminentiſſime Cardinal Duc de Richelieu.

Porte d'or à trois faſces ondées de gueulles : quelques-vns les blaſonnent antées.

Supports, vn Lyon d'or à dextre, & vn Levrier à ſeneſtre, colletté de gueulles, cloüé d'or.

Cimier, vne teſte de Leopard d'or entre deux aiſles de meſme.

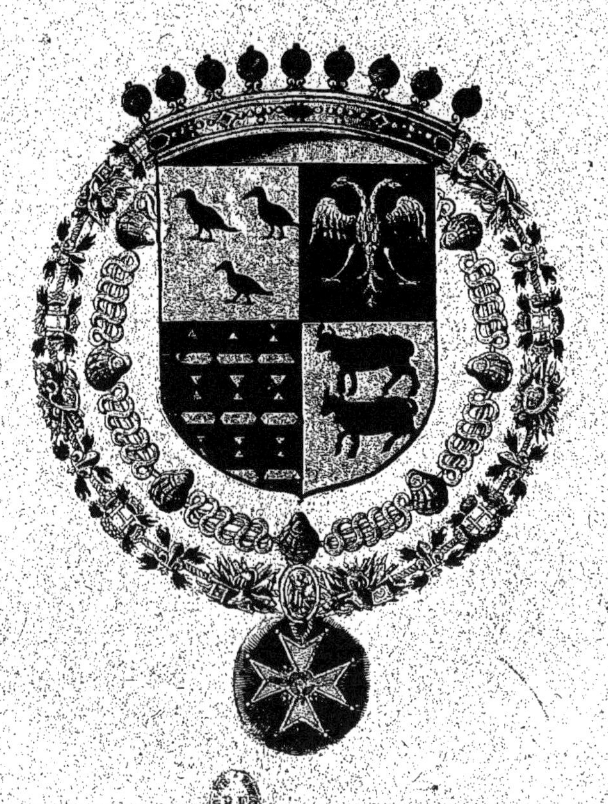

IEAN DE GALLARD DE BEARN, Comte de Braſſac, Conſeiller du Roy en ſes Conſeils d'Eſtat, & Secret, Capitaine de cent hommes d'armes, Gouuerneur de Saintonge & Angoumois, fils de René de Gallard de Bearn, Cheualier, Seigneur de Braſſac, & de Marie de la Roche-beaucourt, qui a pour femme Catherine de Sainẽte Maure de Montauzier.

Porte eſcartellé. Au premier d'or à trois corneilles de ſable, membrées & becquées de gueulles, deux en chef, & vne en pointe, qui eſt de Gallard. Au 2. d'azur à l'Aigle eſployée à deux teſtes d'or, qui eſt de la Roche-beaucourt. Au 3. lozangé d'argent & de gueulles, chaſque lozange d'argent chargée de deux faſces d'azur, qui eſt de la Rocheandry. Au 4. d'or à deux vaches paſſantes de gueulles, accollées, accornées, & clarinées d'azur, qui eſt de Bearn.

Supports, deux Licornes d'argent.

Cimier, vne teſte de Licorne auſſi d'argent.

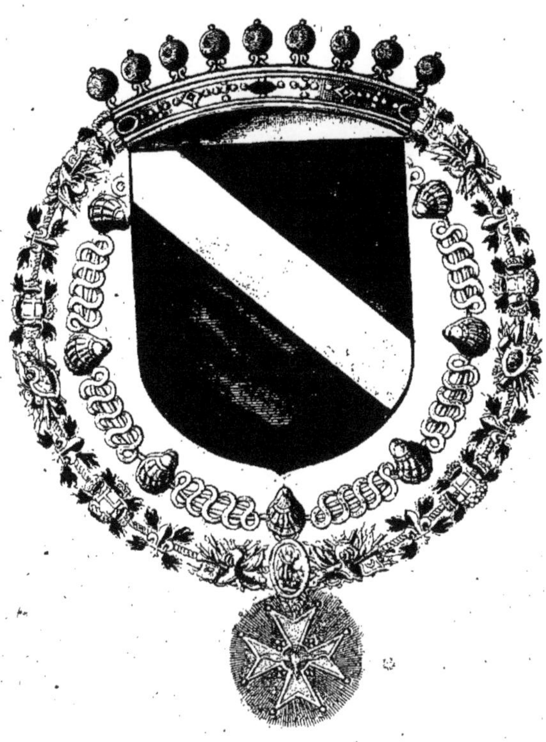

FRANCOIS SEIGNEVR DE NOAILLES, Comte d'Ayen, Conseiller du Roy en ses Conseils, Mareschal des camps & armées de sa Majesté; son Lieutenant general en Auuergne, Gouuerneur de Rouergue, Capitaine de cent hommes d'armes; fils de Henry Seigneur de Noailles, Baron de Chambres & de Carbonniere, & de Ieanne-Germaine D'Espaigne, qui a pour femme Rose de Roquelaure, fille d'Antoine Seigneur de Roquelaure, Mareschal de France.

Porte de gueulles à la bande d'or.

Supports, deux Lyons d'or.

Cimier, vn Lyon naissant de mesme.

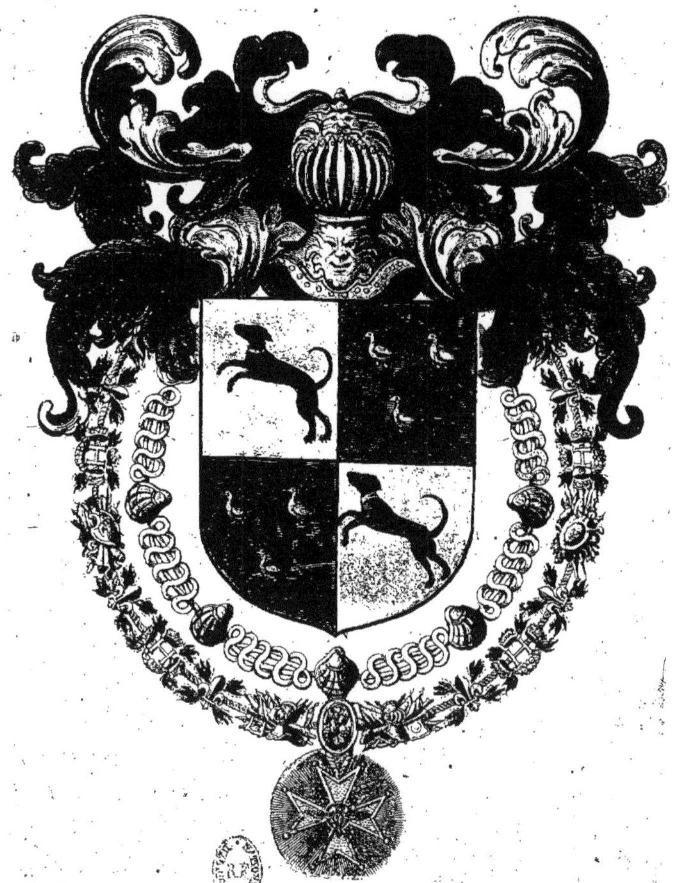

BERNARD DE BAYLENS, Seigneur de Poyanne, Conseiller du Roy en son Conseil d'Estat, Lieutenant general pour sa Majesté au Royaume de Nauarre & pays de Bearn, Gouuerneur de Nauarrenx & d'Ax, fils de Bertrand de Baylens, aussi Seigneur de Poyanne, Cheualier des deux Ordres, Conseiller d'Estat, Capitaine de cinquante hommes d'armes, Gouuerneur des Ville & Chasteau d'Ax, & de Louïse de Cassagnet de Tilladet, lequel a espousé Anne de Balsabat fille du Comte de Pordeac, & en a plusieurs enfans.

Porte escartellé. Au premier & 4. d'or au Levrier rampant de gueulles, colleté d'argent, qui est de Baylens. Au 2. & 3. d'azur à trois cannettes d'argent, deux en chef, & vne en pointe, qui est de Poyanne.

Supports.

Cimier.

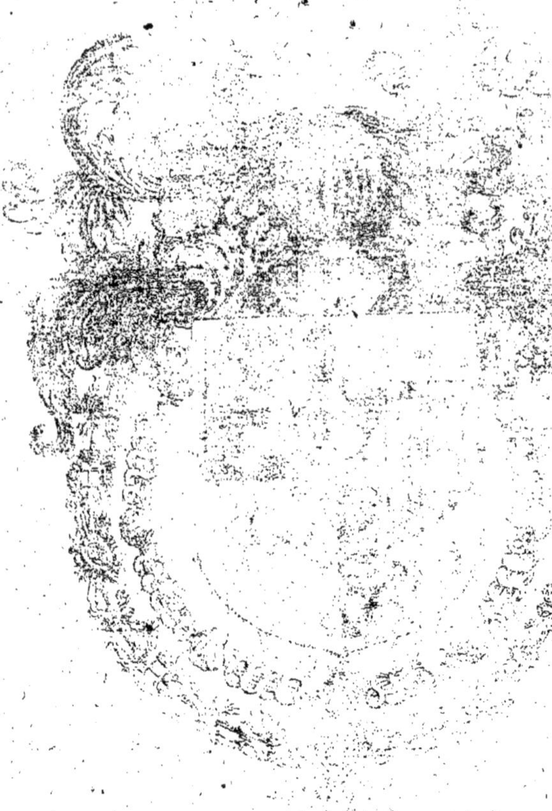

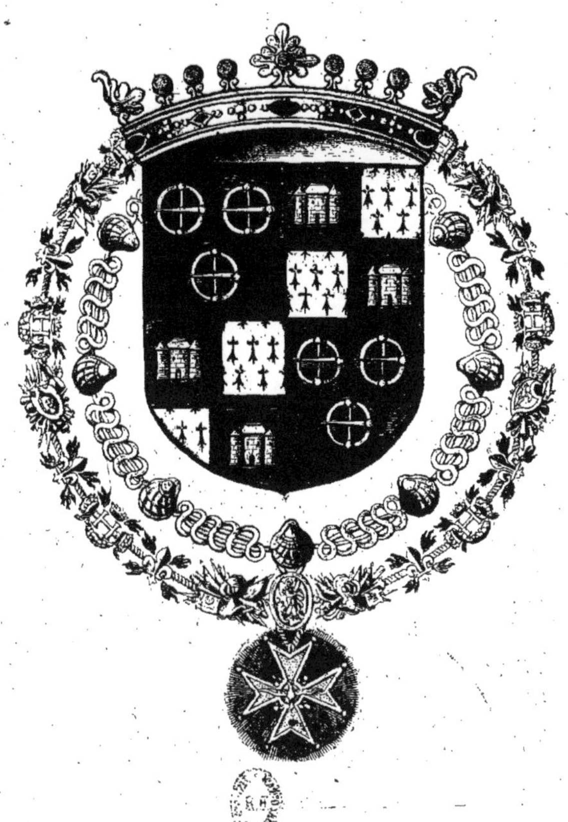

GABRIEL DE LA VALLEE-FOSSEZ, Marquis d'Euerly, Conseiller du Roy en ses Conseils, Mareschal de ses camps & armées, Gouuerneur de la Ville & Citadelle de Verdun, fils de Guy de Fossez, Cheualier, Seigneur dudit lieu, de Croizilles, Espone, Mezieres en partie, & Baron du Puiset en Beausse, Enseigne de cent hommes d'armes des ordonnances du Roy, sous la charge de Monsieur le Duc D'Aumalle; & de Helene de Fontaines, qui a esté marié auec Madelene du Val, sœur du sieur Marquis de Fontenay.

Porte escartellé. Au premier & 4. de gueulles à trois boucles ou fermaux d'argent, deux en chef & vn en pointe, qui est de la Vallée, qu'il porte par adoption. Au 2. & 3. escartellé d'vn fillet en Croix, de gueulles. Au premier & 4. d'azur au chasteau d'argent. Au 2. & 3. d'hermines, qui est de Fossez.

Supports, deux Lyons d'or.

Cimier, vn Lyon naissant de mesme.

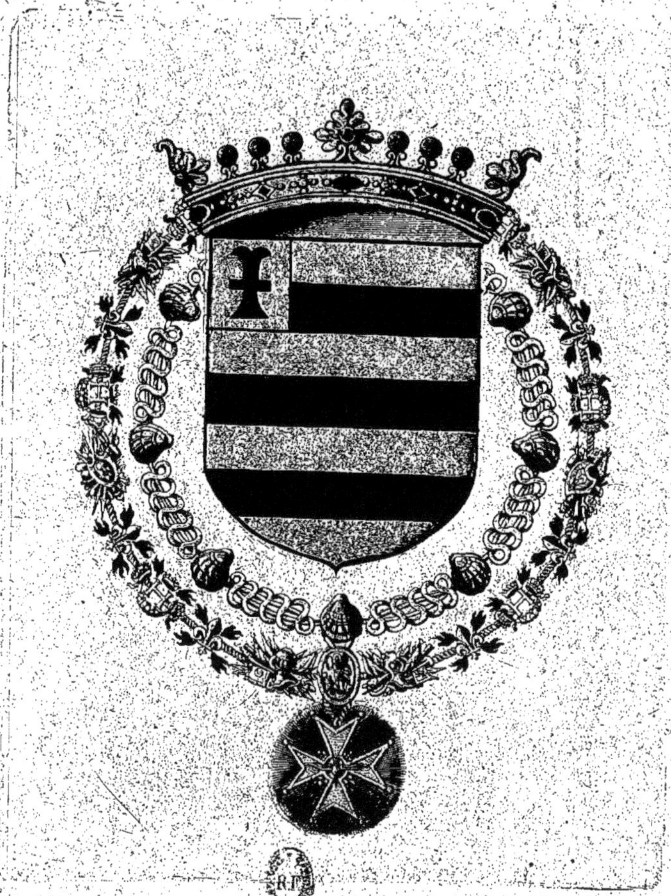

CHARLES DE LIVRON, Marquis de Bourbonne, Lieutenant de Roy au gouuernement de Champagne, Gouuerneur de Coiffy & de Montigny le Roy, fils d'Erard de Liuron, Cheualier, Seigneur de Bourbonne, Souuerain de Vauuillars, de Fresne & de Ruaux, Seigneur de Parnol, Chesaulx, Torcenay, Ortis, Vart, Obiac, la Riuere & Conjours, & de Gabrielle de Bassompierre, lequel a espousé Anne de Sauigny, ditte D'Anglurre, fille du Vicomte d'Estanges.

Porte d'argent à trois fasces de gueulles, au franc canton aussi d'argent, chargé d'vn Roc d'echiquier de gueulles.

Supports, vn homme & vne femme Sauuages au naturel.

Cimier, vne teste de Licorne d'argent.

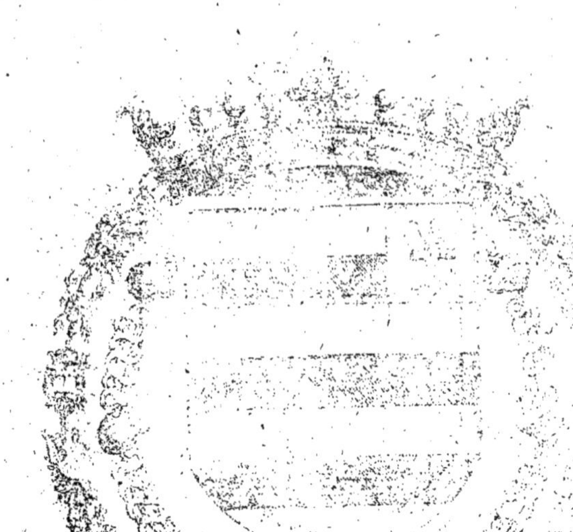

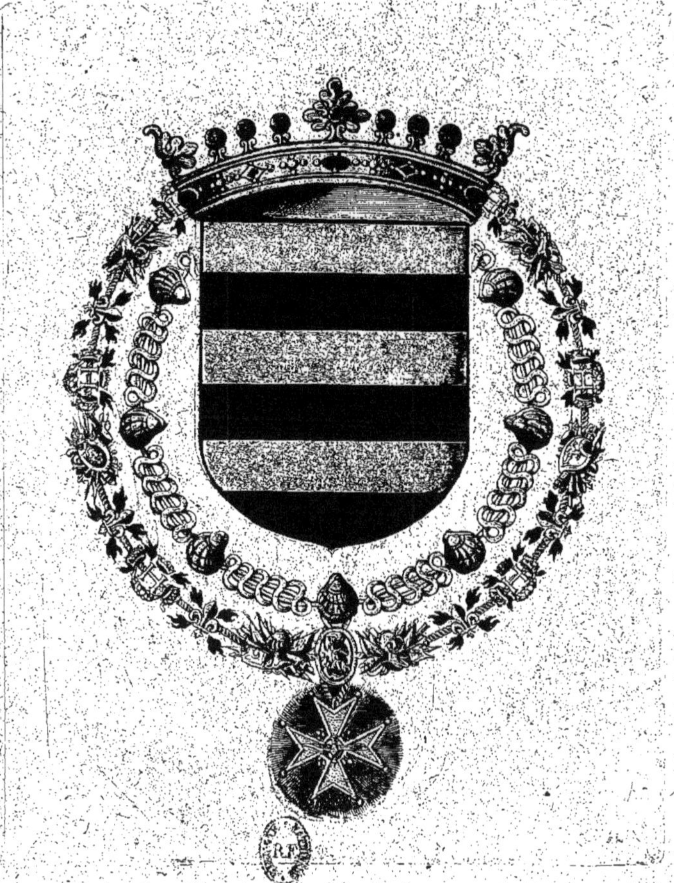

GASPARD-ARMAND, VICOMTE DE POLIGNAC, Marquis de Chalençon, Seigneur & Baron des Baronnies de Randon & Randonnet, Conseiller du Roy en ses Conseils d'Estat & Priué, Capitaine de cent hommes d'armes de ses Ordonnances, & Gouuerneur de la Ville du Puy; fils de Louis-Armand, aussi Vicomte de Polignac, & de Françoise de Mont-morin. Il a esté marié auec Claude-Françoise de Tournon, de laquelle il a eu deux fils, dont l'aisné porte le tiltre de Marquis de Polignac.

Porte fascé d'argent & de gueulles de six pieces.

Supports, deux Griffons d'or.

Cimier, vn Griffon naissant de mesme.

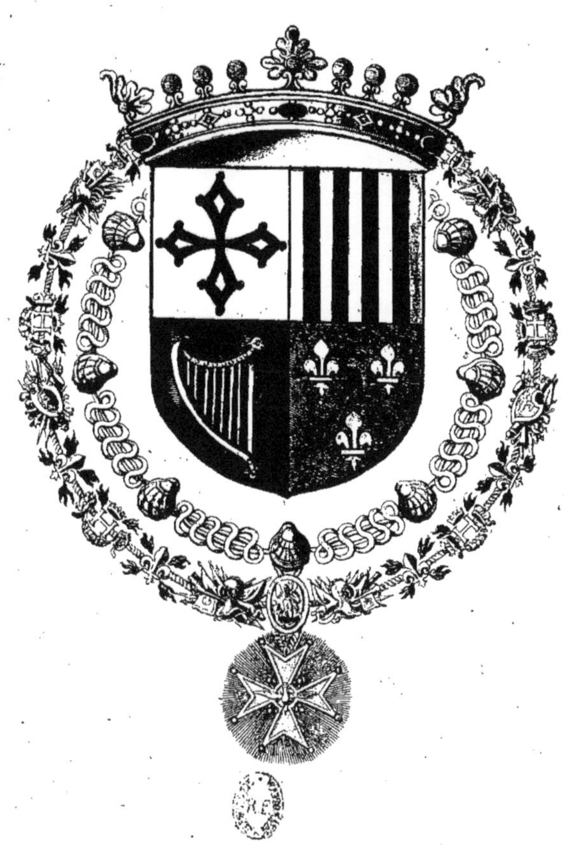

LOVIS D'ARPAION, Vicomte dudit lieu, Marquis de Seuerac, Mareſchal de Camp és armées de ſa Majeſté; fils de Iean Baron D'Arpaion, & de Seuerac, & de Iacquette de Caſtelnau. Il a eſpouſé Gloriande de Lauzieres, fille de Pons de Lauzieres, Seigneur de Themines, Mareſchal de France, & de Catherine D'Ebrard de ſainct Supplice.

Porte eſcartellé. Au premier d'or à la Croix de Tholoſe, de gueulles. Au 2. d'argent à quatre pals de gueulles, qui eſt de Seuerac. Au 3. de gueulles à la Harpe d'or, cordée de meſmes. Au 4. d'azur à trois Fleurs de lys d'or, au baſton de gueulles pery en bande.

Supports, deux Lyons d'or.

Cimier, vn demy Lyon de meſme.

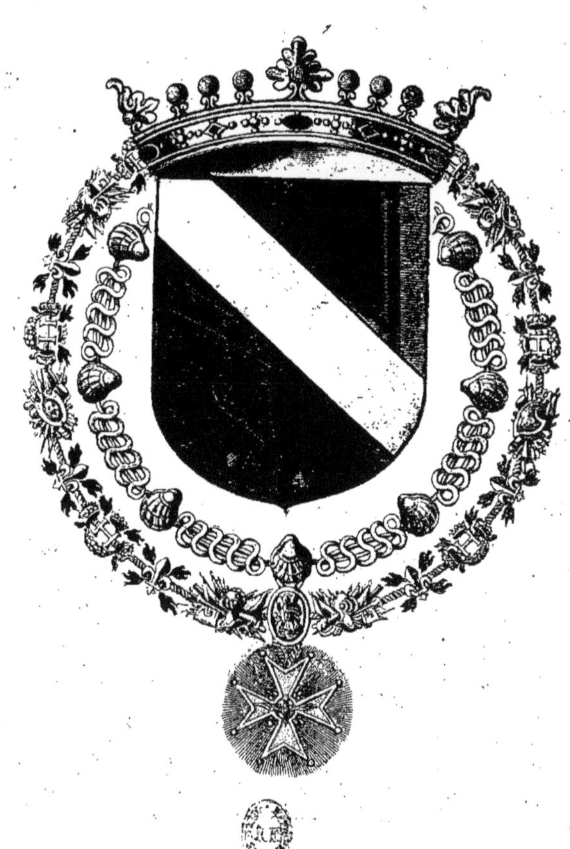

CHARLES D'ESCOVBLEAV, Marquis de Sourdis & d'Aluye, Conſeiller d'Eſtat, Maiſtre de Camp de la Caualerie legere de France, Mareſchal des Camps & armées de ſa Majeſté; frere aiſné de M. l'Archeueſque de Bourdeaux, & mary de Ieanne de Monluc, fille d'Adrian Comte de Carmain.

Porte comme mondit ſeigneur l'Archeueſque de Bourdeaux, cy-deſſus.

Supports, deux Levriers d'argent colletez de gueulles, cloüez d'or.

Cimier, vn demy Levrier de meſme.

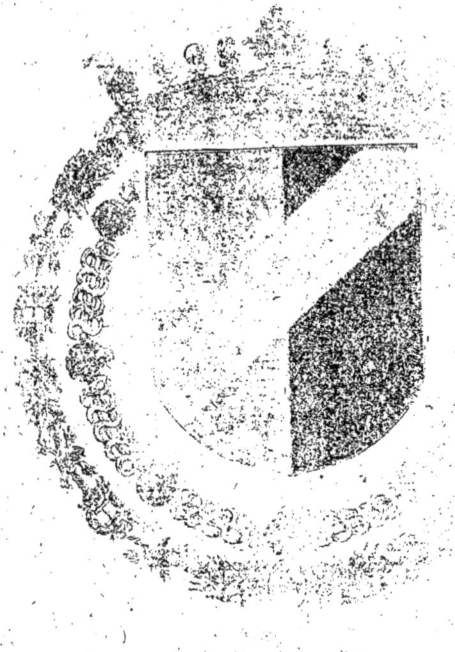

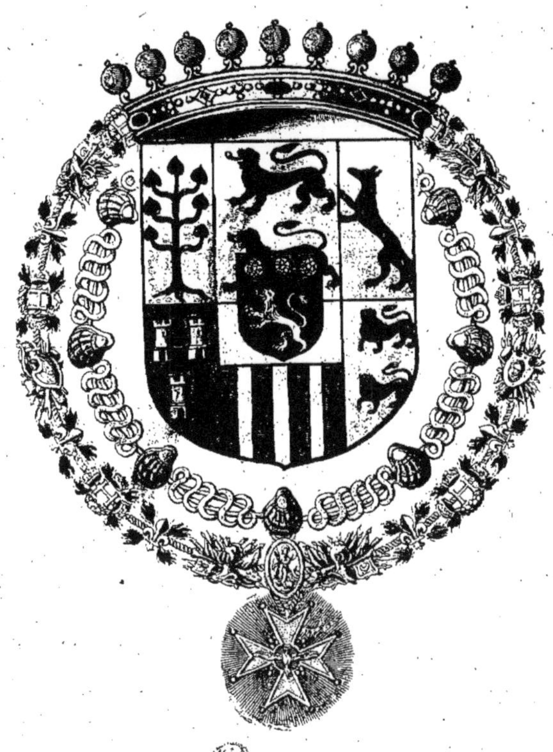

FRANCOIS DE BONNE, DE CREQVY, Comte de Sault, Lieutenant general pour le Roy en Dauphiné, & premier Gentil-homme de la Chambre; fils de Charles sire de Crequy, Prince de Poix, Duc Des-Diguieres, Pair & Mareschal de France, Cheualier des deux Ordres, Lieutenant general pour le Roy en Dauphiné; & de Madelene de Bonne, qui a pour femme Anne de la Madelene, heritiere de Ragny.

Porte party de deux, & coupé d'vn qu'on dit escartellé de six quartiers. Au premier d'or au Crequier de gueulles, qui est de Crequy. Au 2. d'or à deux Lyons leopardez, passans de gueulles, posez l'vn sur l'autre, qui est de Blanche-fort. Au 3. d'or au Loup rampant d'azur, langué & armé de gueulles, qui est D'Agoult. Au 4. & premier de la pointe d'azur à trois Tours d'or, 2. 1. qui est de Montauban. Au 5. d'azur à trois pals d'or, au chef de mesme, qui est de Vaesc. Au 6. d'or à deux Leopards passans d'azur, qui est de Maubec, sur le tout de gueulles au Lyon d'or, au chef d'azur chargé de trois Roses d'argent, qui est de Bonne.

Supports, deux Sauuages au naturel fueillez de sinople.

Cimier, deux testes & cols de Cignes affrontées d'argent, becquées de gueulles, tenans ensemble vn anneau d'or enrichy d'vn diamant.

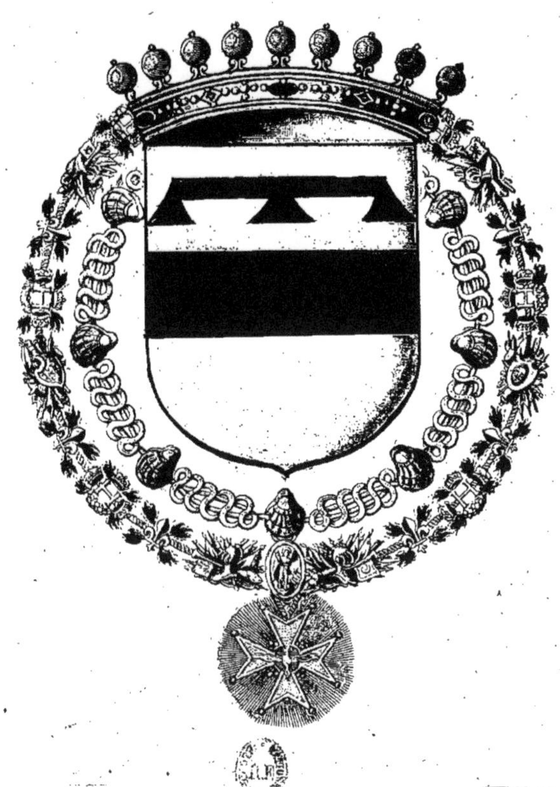

FRANCOIS DE BETHVNE, Comte D'Orual, Conſeiller du Roy en ſes Conſeils, Mareſchal de Camp en ſes armées, & premier Eſcuyer de la Reyne; fils de Maximilian de Bethune, Duc de Suilly, Pair de France, Souuerain de Henry-chemont & de Boiſbelle, Marquis de Roſny, Seigneur de Nogent le Rotrou, de Muret & de Villebon, Grand-Maiſtre, & Capitaine general de l'Artillerie de France; & de Rachel de Cochefillet ſa ſeconde femme, lequel eſt marié auec Iacqueline de Caumont, fille de Iacques de Caumont, Seigneur de la Force, Mareſchal de France.

Porte d'argent à la faſce de gueulles, au lambel à trois pendans de gueulles, poſé en chef.

Supports, deux Sauuages au naturel.

Cimier, vn Paon aux Armes de Bethune, gorgé de France.

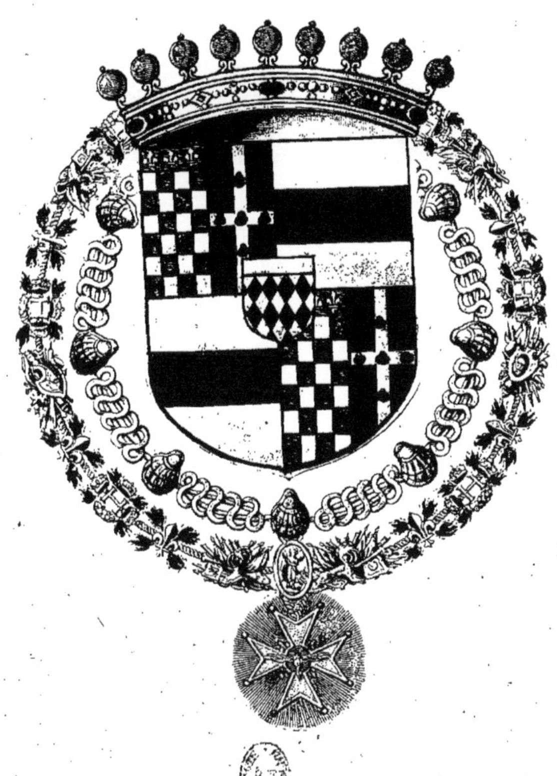

CLAVDE DE SAINCT SYMON, Seigneur de Vaux, Conseiller du Roy en ses Conseils d'Estat & Priué, Premier Escuyer de sa Majesté, Grand Louuetier de France, & Gouuerneur du Chasteau, Ville & Comté de Blaye, fils puisné de Louis de Sainct Symon, Cheualier, Seigneur du Plessier, dit de Rasse, & d'Yuille, Gouuerneur & Bailly de Senlis, & de Denise de la Fontaine.

Porte escartellé. Au premier & 4. party de eschiqueté d'or, au d'azur au chef d'azur, chargé de trois Fleurs de lys d'or, qui est de Vermandois-Sainct Symon, & de sable à la Croix d'argent, chargée de cinq coquilles de gueulles, qui est de Rouuroy. Au 2. & 3. d'or à la fasce de gueulles, qui est de Hauesquerque-Rasse, sur le tout lozangé d'argent & de gueulles au chef d'or, qui est de Precy.

Supports, vn homme & vne femme sauuages au naturel de sinople, tenans chacun vn Guidon, l'vn des Armes de Vermandois, & l'autre de celles de Hauesquerque-Rasse.

Cimier, vn Sauuage de mesme, tenant du bras droict vne masse leuée, & de l'autre vn bouclier.

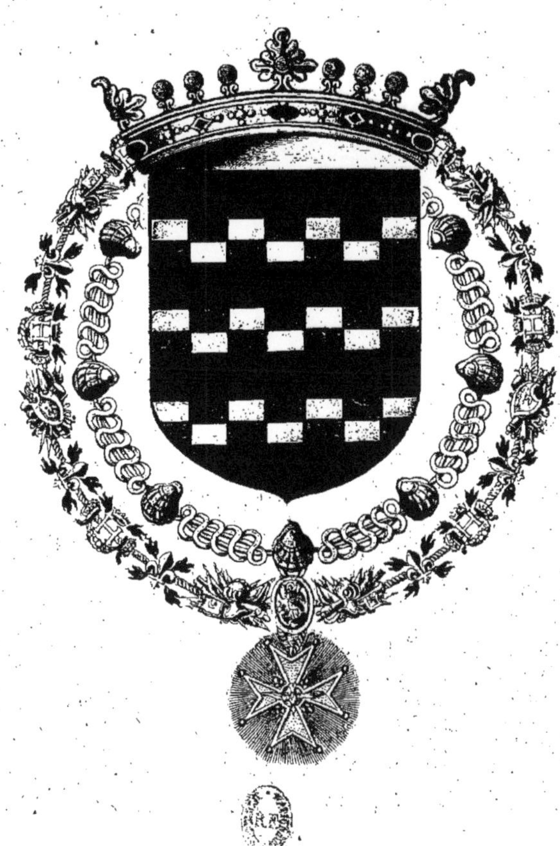

CHARLES DV CAMBOVT, Baron de Pont-chasteau, Gouuerneur des Ville & Forteresse de Brest, & Lieutenant pour le Roy en la basse Bretagne, fils de François du Cambout, Cheualier, Seigneur du Cambout, Baron de Pont-chasteau, Capitaine des Ville & Chasteau de Nantes, & de Louïse du Plessis, sœur aisnée de François Seigneur de Richelieu. Il a espousé Philippes de Burges.

Porte de gueulles à trois fasces, eschiquetées d'argent & d'azur de deux traits.

Supports, deux Hermines naturelles.

Cimier, vne Hermine de mesme.

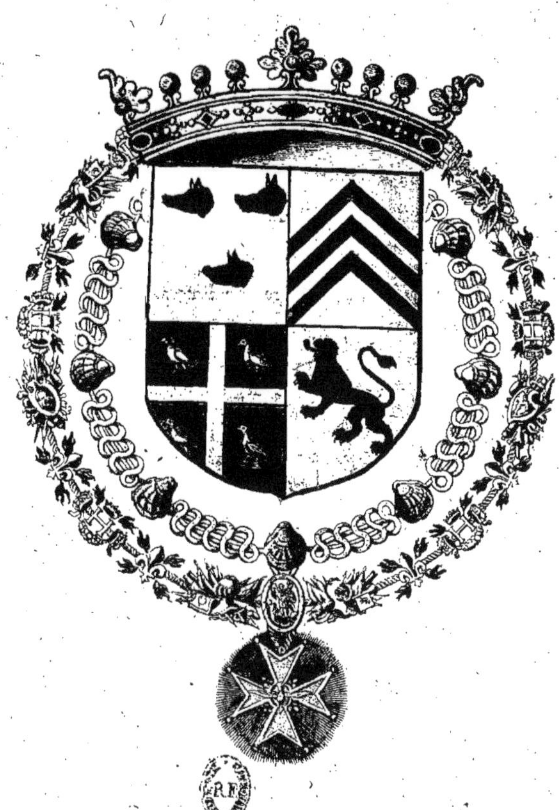

FRANCOIS DE VIGNEROT, Marquis du Pont, Conseiller du Roy en ses Conseils, Gouuerneur de la Ville & Citadelle du Havre de Grace & pays de Caux, fils de René de Vignerot, Seigneur du Pont de Courlay; & de Françoise du Plessis, sœur de Monseigneur l'Eminentissime Cardinal Duc de Richelieu. Il a espousé Françoise du Guemaudeur, heritiere dudit lieu en Bretagne.

Porte escartellé. Au premier d'or à trois hures de Sanglier de sable, deux en chef, & vne en pointe, qui est de Vignerot. Au 2. d'argent à trois cheurons de gueulles, qui est Du Plessis. Au 3. d'azur à la croix d'or, cantonnée de quatre oiseaux d'argent. Au 4. d'or au Lyon de gueulles.

Supports, deux Leopards d'or.

Cimier, vn demy Leopard de mesme.

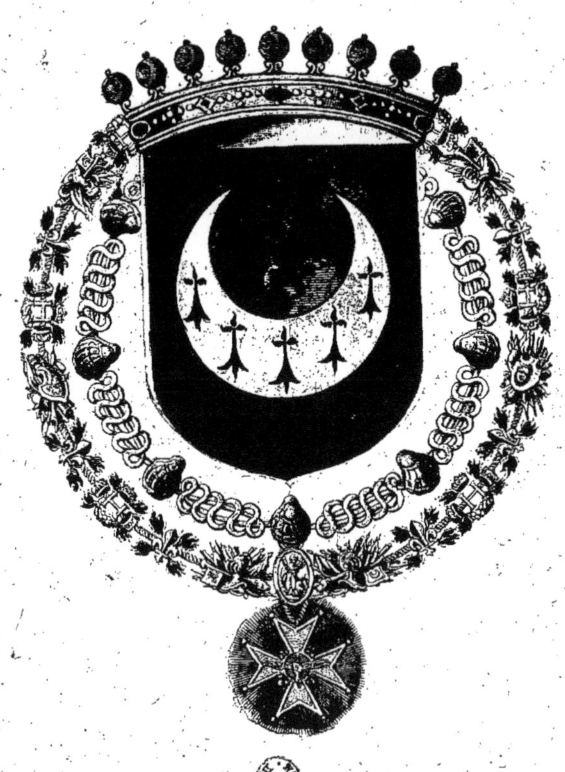

CHARLES DE LA PORTE, Conseiller du Roy en ses Conseils, Gouuerneur pour le Roy des Ville, Chasteau & Comté de Nantes, faisant la charge de Grand-Maistre de l'Artillerie de France, fils de Charles de la Porte, Seigneur de la Meilleraye, & de Claude de Champlais, lequel a esté marié auec Marie Ruzé, fille d'Antoine Ruzé Marquis D'Effiat, Mareschal de France.

Porte de gueulles au croissant montant d'argent, chargé de cinq hermines de sable.

Supports, deux Leopards d'or.

Cimier, vn demy Leopard de mesme.

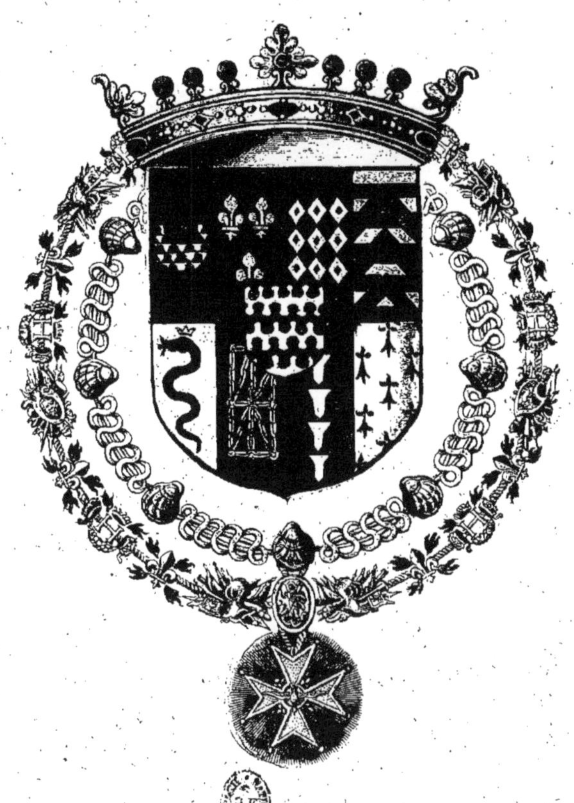

GABRIEL DE ROCHECHOVART, Marquis de Mortemar, Conseiller du Roy en ses Conseils, Premier Gentil-homme de sa Chambre, fils de Gaspard de Rochechouart, Baron de Mortemar, & de Louïse de Maure; & mary de Diane de Grand-seigne, fille de Iean de Grand-seigne, Seigneur de Marsillac, & de Catherine de le Beraudiere.

Porte party de trois traits, & coupé d'vn qu'on dit escartellé de huict quartiers. Au premier de gueulles au croissant montant de Vair, qui est de Maure. Au 2. d'azur à trois Fleurs de lys d'or, 2. 1. au baston de gueulles posé en bande, qui est de Bourbon. Au 3. de gueulles à neuf macles d'or, qui est de Rohan. Au 4. burellé d'argent & d'azur de dix pieces, à trois cheurons de gueulles bronchant sur le tout, qui est de la Rochefoucaud. Au 5. & premier de la pointe, d'argent à la guiure ou colleuure d'azur de trois tours en pal, couronnée d'or à l'issant de gueulles, qui est de Milan. Au 6. de Nauarre, cy-dessus. Au 7. de gueulles au pal de Vair, qui est D'Escars. Au 8. de Bretagne, sur le tout anté en fasce de six pieces de gueulles & d'argent, qui est de Rochechouart.

Supports, deux Sauuages au naturel.

Cimier, vn demy Sauuage de mesme.

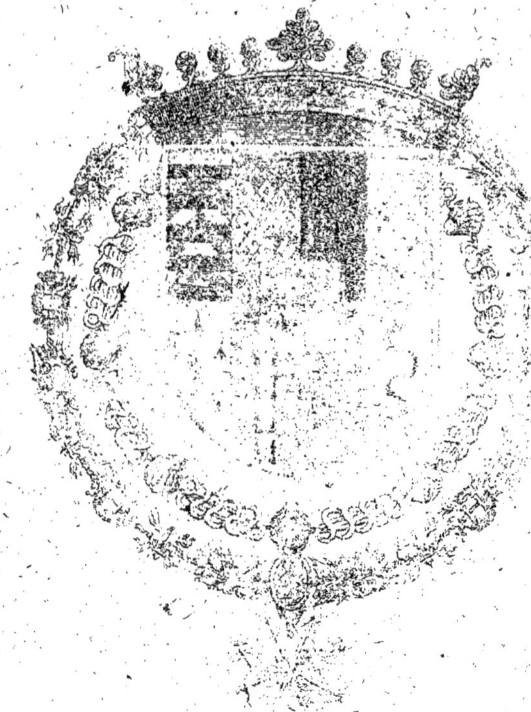

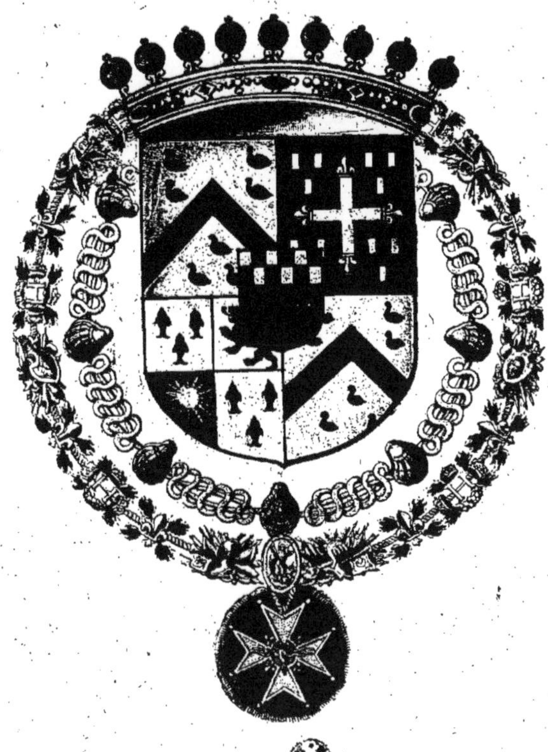

ANTOINE D'AVMONT ET DE ROCHE-BARON, Comte de Berzé, Baron de Chappes, Seigneur de Villequier, & Capitaine des gardes du corps du Roy; fils de Iacques D'Aumont, Baron de Chappes, Preuost de Paris; & de Charlote-Catherine de Villequier.

Porte escartellé. Au premier & 4. d'argent au cheuron de gueulles, accompagné de sept merlettes de mesmes, quatre en chef, & trois en pointe, qui est D'Aumont. Au 2. de gueulles à la croix fleurdelisée d'or, cantonnée de douze billettes de mesme, qui est de Villequier. Au 3. escartellé le premier & 4. d'or à trois chabots de gueulles, posez en pal, qui est des Chabots & de Luxembourg; & le 3. de gueulles à l'Estoille à seize rais d'argent, qui est des Baux, sur le tout des grands quartiers de gueulles au chef, eschiqueté d'argent & d'azur de deux traits, qui est de Roche-baron de Bourgongne.

Supports.

Cimier.

n

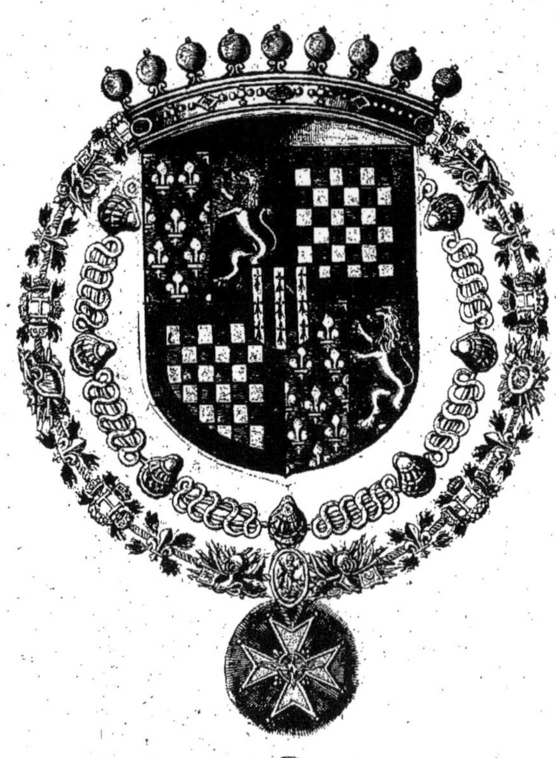

IVST-HENRY DE TOVRNON, Comte de Roussillon, Grand Seneschal d'Auuergne, Bailly du haut & bas pays de Viuarais, fils de Iust-Louïs Seigneur de Tournon, & Comte de Roussillon; & de Madelene de la Roche-foucaud, lequel a esté marié deux fois: la premiere auec Catherine de Leuis-Ventadour, la seconde auec Louïse de Montmorency.

Porte escartellé. Au premier & 4. d'azur semé de Fleurs de lys d'or, & de gueulles à Lyon d'or, qui est de Tournon. Au 2. & 3. eschiqueté d'argent & d'azur à la bordure de gueulles, qui est de Roussillon. Sur le tout de gueulles à trois pals d'hermines, qui est de Vissac.

Supports.

Cimier.

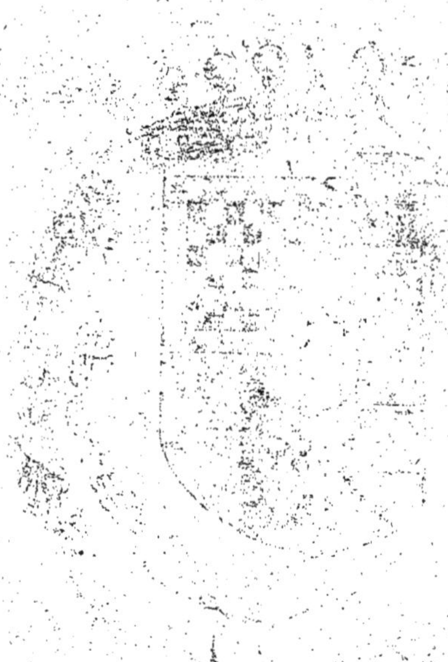

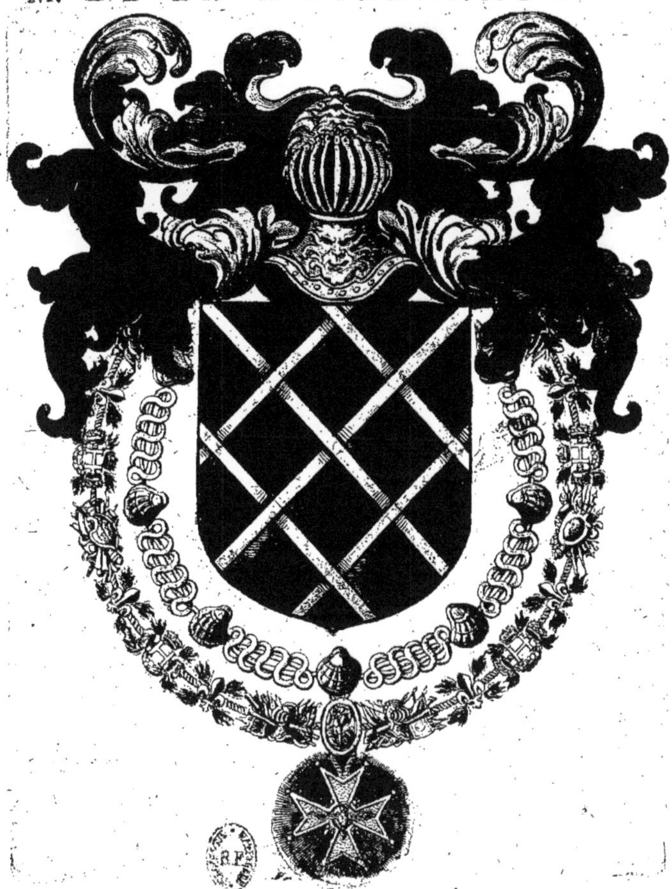

LOVIS DE MOY, Seigneur de la Mailleraye, Conſeiller d'Eſtat, Capitaine de cent hommes d'armes, Lieutenant general au gouuernement de Normandie, & Gouuerneur du Chaſteau du vieil Palais de Roüen; fils de Iacques de Moy, Seigneur de Pierrecourt, Cheualier des deux Ordres du Roy, Conſeiller en ſon Conſeil d'Eſtat, Capitaine de cinquante hommes d'armes de ſes Ordonnances, & de Françoiſe de Betheuille; a eſpouſé en premieres nopces Catherine de Harlay, fille de Nicolas de Harlay, Seigneur de Sancy, puis en ſecondes Geneuiefue Reſtaut, fille du Seigneur de Fonmanuille.

Porte de gueulles fretté d'or de ſix pieces.

Supports, deux Levriers naturels.

Cimier, vn demy Levrier de meſme, collette de gueulles, cloüé d'argent.

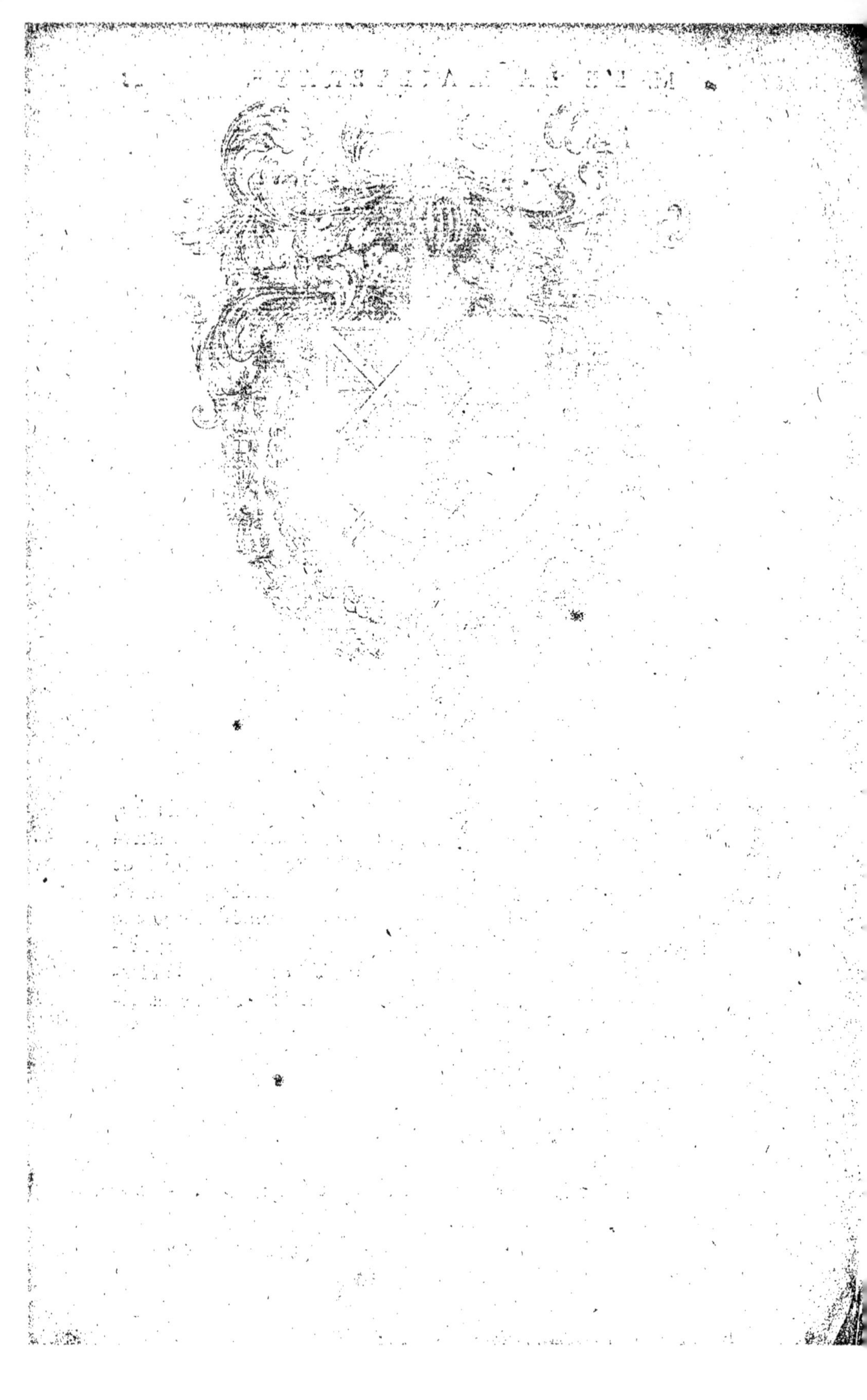

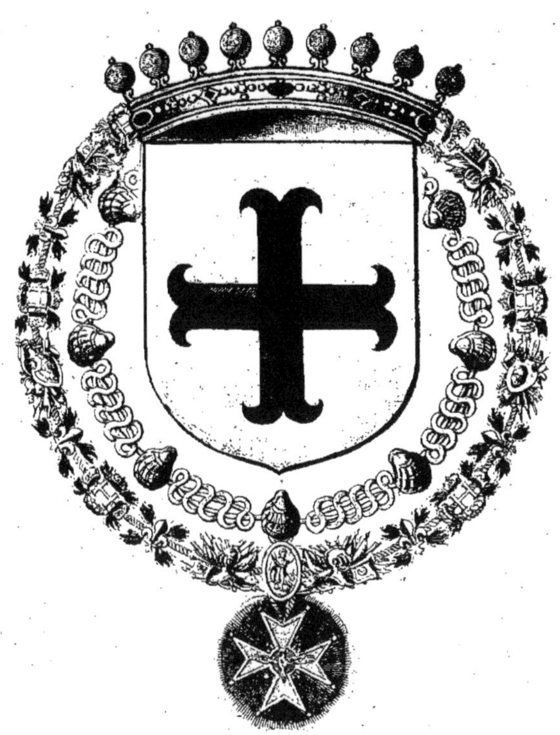

CHARLES DAMAS, Comte de Thianges, Lieutenant general pour le Roy au gouuernement de Bourgongne, Comté de Charolois, & pays de haute & basse Bresse, Bugey, Varromey & Gex, Mareschal de camp és armées de sa Majesté; fils de François Damas, Cheualier, Baron de Thianges, Seigneur du Vaulx, de Choiseul, Fleury, la Tour le deffend & Charancé; Lieutenant de la compagnie de gendarmes de M. le Duc de Mayenne, & de Françoise de Dyo-Montperroux; qui a pour femme Ieanne de la Chambre, fille de Iean de la Chambre, Comte de Sauigny & Montfort, Baron de Ruffey, & de Claudine de Nanton sa seconde femme.

Porte d'or à la Croix ancrée de gueulles.

Supports, deux Lyons d'or.

Cimier, vn Lyon naissant de mesme.

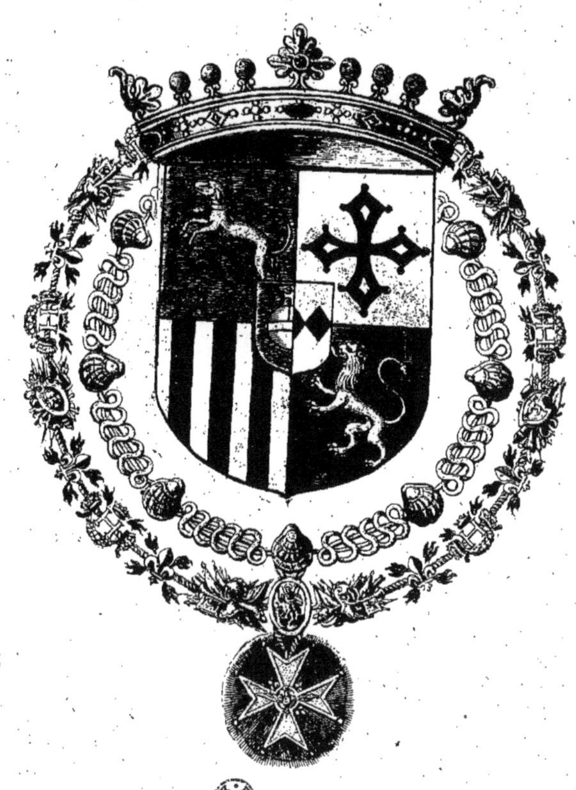

HECTOR DE GELAS ET DE VOISINS, Marquis de Leberon & D'Ambres, Vicomte de Lautrec, Seneſchal & Gouuerneur de Lauraguais, fils de Lyſander de Gelas, Seigneur de Leberon, & de Ambroiſe de Voiſins ; & mary de Suzanne de Vignolles, fille vnique de Bertrand de Vignolles-la-Hire, Seigneur dudit Vignolles, Cheualier des deux Ordres, & de Marguerite de Ballaguier.

Porte eſcartellé. Au premier d'azur au Levrier rampant d'argent, qui eſt de Gelas. Au 2. d'or à la Croix de Tholoſe de gueulles. Au 3. d'or à trois pals de gueulles. Au 4. de gueulles au Lyon d'or, ſur le tout d'azur à vn demy monde d'or, party d'or à vne loſange & demie de gueulles, qui eſt de Voiſins.

Supports, deux Ours naturels muſelez & colletez de gueulles.

Cimier, vn demy Ours de meſme.

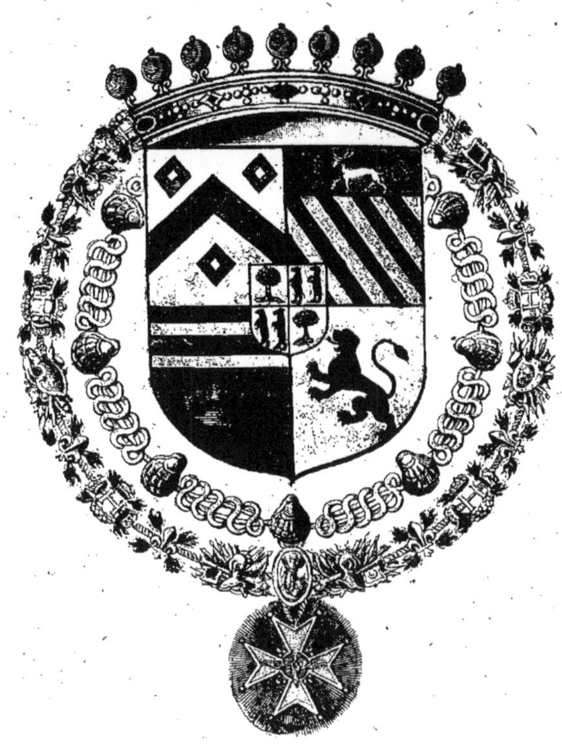

HENRY DE BAVDEAN, Comte de Parabere, Marquis de la Mothe saincte Heraye, Gouuerneur & Lieutenant general pour le Roy du haut & bas Poitou; fils de Iean de Baudean, Seigneur de Parabere, Baron de la Mothe saincte Heraye, & de Noaillan, Lieutenant au gouuernement de Poitou, & de Louïse Gillier de Salles, & mary de Catherine de Pardaillan de Panjas.

Porte escartellé. Au premier d'or au cheuron d'azur, accompagné de trois macles de gueulles, deux en chef, & vne en pointe, qui est des Gilliers Villedieu & Puigarreau. Au 2. d'argent à cinq bandes, coticées d'azur au chef de gueulles, chargé d'vn Cerf passant d'or. Au 3. d'argent à deux fasces d'azur coupé de gueulles plain. Au 4. d'or au Lyon de sable, sur le tout escartellé d'or à l'arbre de sinople, qui est Baudean, & d'argent à deux Ours de sable en pied.

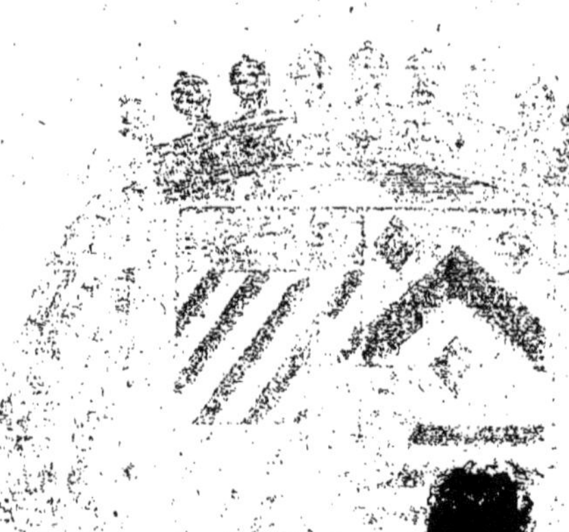

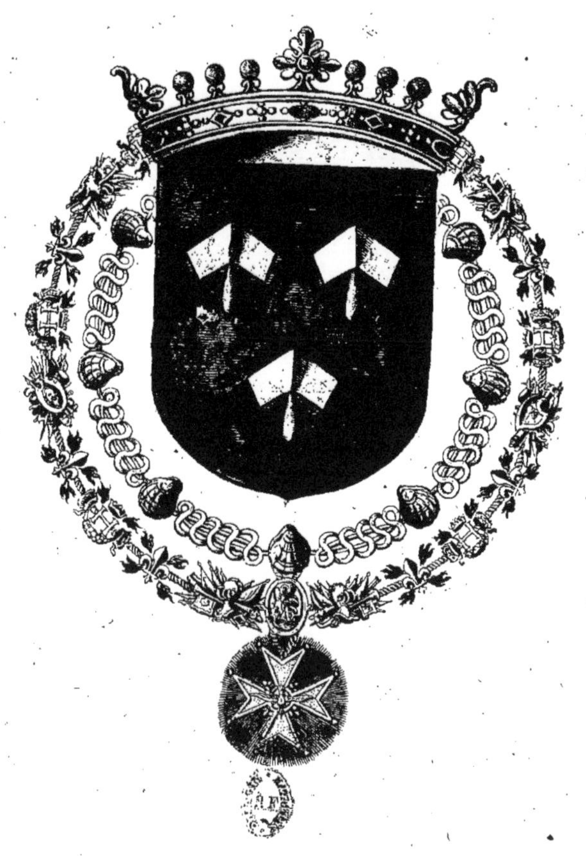

IEAN DE MONCHY, Marquis de Montcaurel, Baron de Sempy, & de Rubempré, Gouuerneur de la Ville d'Ardres, fils d'Antoine de Monchy, Seigneur de Montcaurel, & d'Anne de Balsac, lequel a espousé Marguerite de Bourbon, Dame de Rubempré.

Porte de gueulles à trois maillets d'or, deux en chef, & vn en pointe.

Supports, deux Lyons d'or.

Cimier, vne teste de More bandée d'argent.

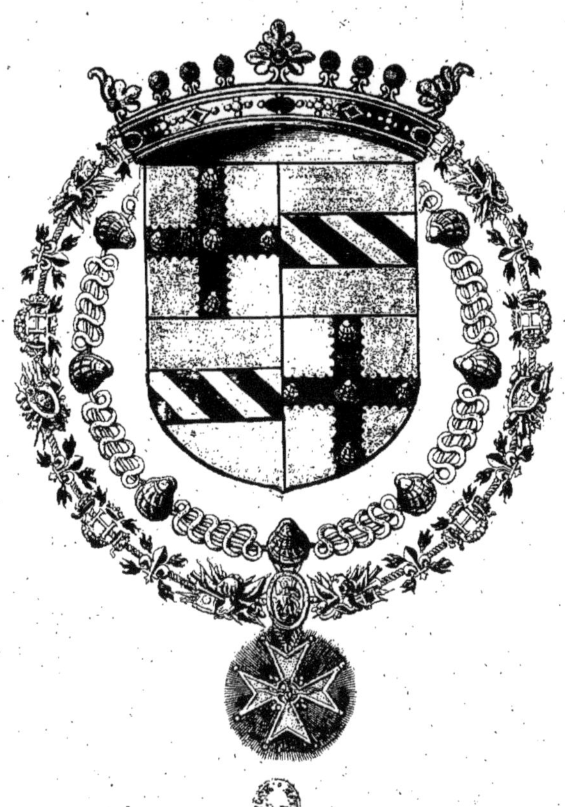

ROGER DV PLESSEYS, Seigneur de Liancourt, Marquis de Guercheuille, Comte de la Rocheguyon & de Beaumont, Conseiller du Roy en son Conseil d'Estat, Premier Gentil-homme de sa Chambre, fils de Charles Du Plesseys aussi Seigneur de Liancourt, Comte de Beaumont, Baron de Monloüet & de Gallardon, Cheualier des deux Ordres du Roy, Conseiller en ses Conseils d'Estat & Priué, Capitaine de cinquante hommes d'armes de ses Ordonnances; Premier Escuyer de sa Majesté, Gouuerneur de Mets & pays Messin, Gouuerneur & Lieutenant general pour sadite Majesté en la Ville, Preuosté & Vicomté de Paris, & Cheualier d'honneur de la Reyne Mere, & d'Antoinette de Pons, Marquise de Guercheuille. Il a espousé Ieanne de Schonberg, fille de Henry de Schonberg, Comte de Nantueil, Mareschal de France, & de Françoise D'Espinay.

Porte escartellé. Au premier & 4. d'argent à la Croix engreslée de gueulles, chargée de cinq coquilles d'or, qui est Du Plesseys. Au 2. & 3. d'argent à la fasce bandée d'or & de gueulles de six pieces, qui est de Pons.

Supports, deux Lyons d'or.

Cimier, vne teste de cheual d'argent entre deux aisles d'or.

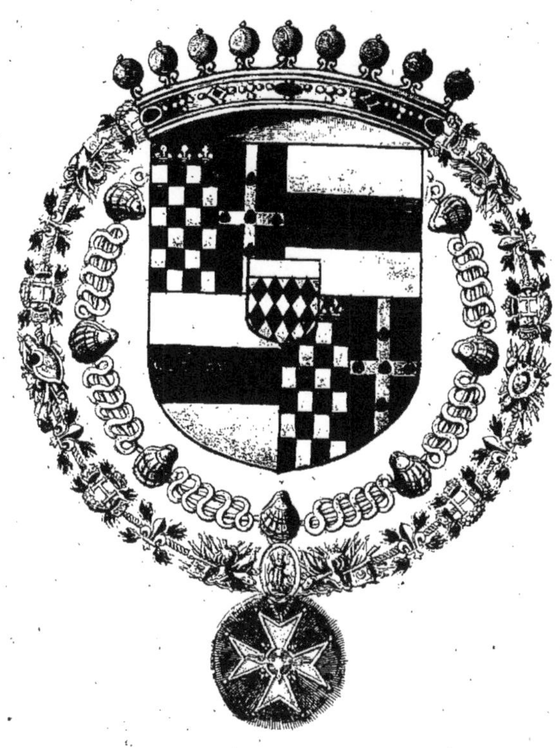

CHARLES DE SAINCT SYMON, Maiſtre de Camp du Regiment de Nauarre, frere aiſné de Monſieur le Premier, cy-deſſus.

Porte comme luy ſans difference.

Supports, & Cimier de meſme.

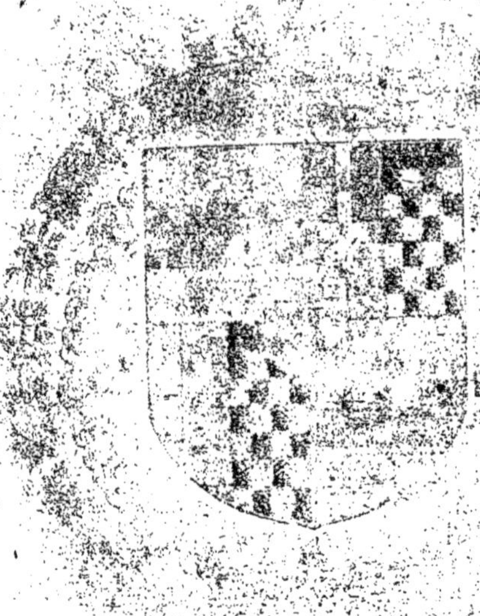

OFFICIERS.

M. DE BVLLION GARDE DES SEAVX DES ORDRES.

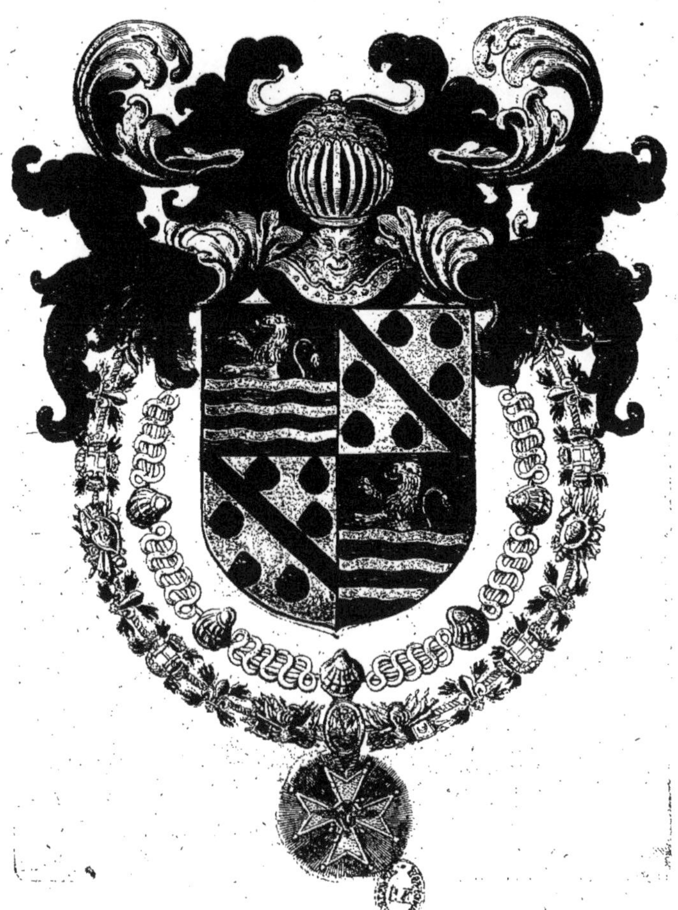

CLAVDE DE BVLLION, Conseiller du Roy en ses Conseils, Commandeur & Garde des Seaux des Ordres de sa Majesté, & Surintendant des Finances de France.

Porte escartellé. Au premier & 4. d'azur, coupé de fascé ondé d'argent & d'azur de six pieces, au Lion naissant d'or sur le premier coupé. Au 2. & 3. d'argent à la bande de gueulles, accompagnée de six coquilles de mesmes, trois en chef, & trois en pointe, ou autrement mises en orle.

Supports.

Cimier.

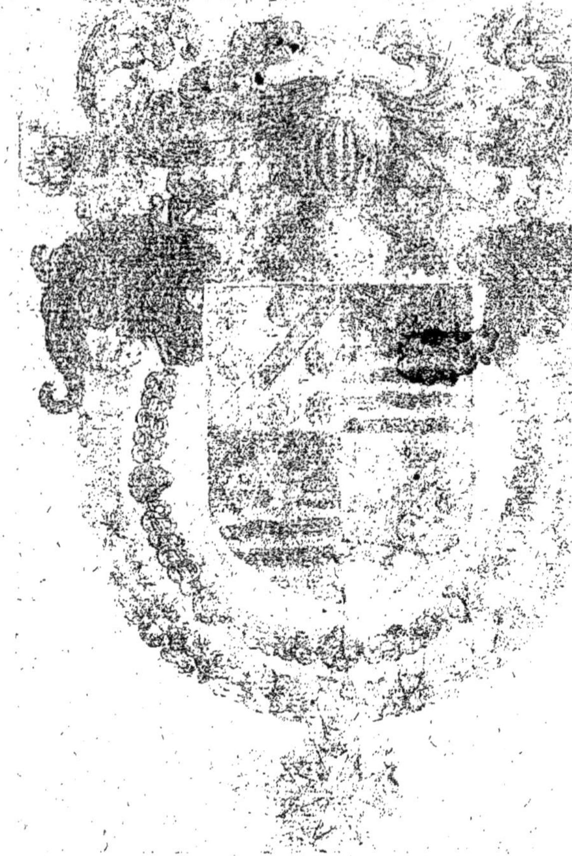

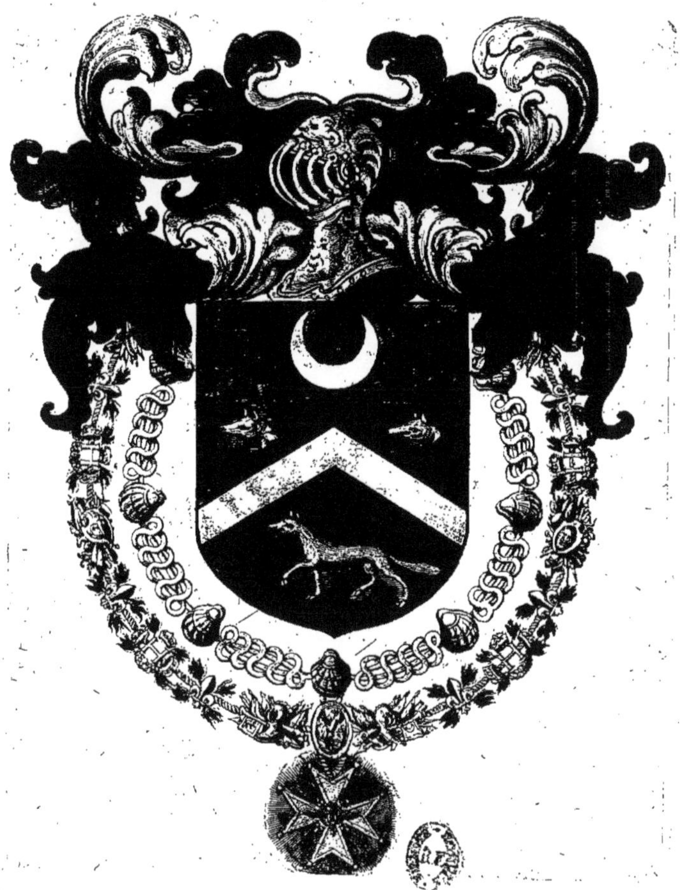

MICHEL DE BEAVCLERC, Baron D'Acheres & de Rougemont, Conseiller du Roy en ses Conseils, Commandeur, Preuost & Maistre des Ceremonies des Ordres de sa Majesté.

Porte de gueulles au cheuron d'or, accompagné de deux testes de Loups en chef, & d'vn Loup entier passant en pointe aussi d'or, au chef d'azur chargé d'vn Croissant montant d'or.

Supports.

Cimier.

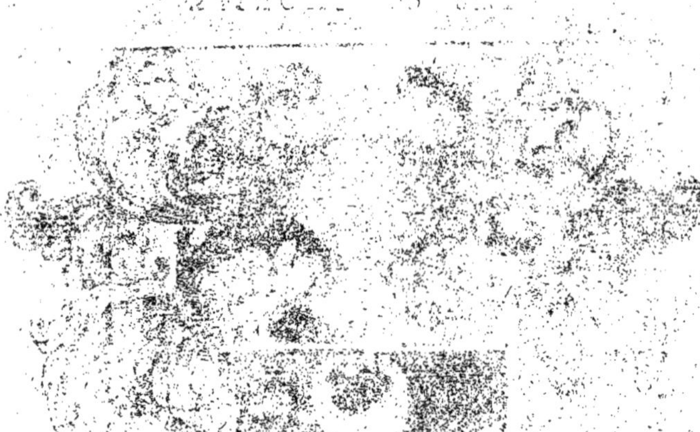

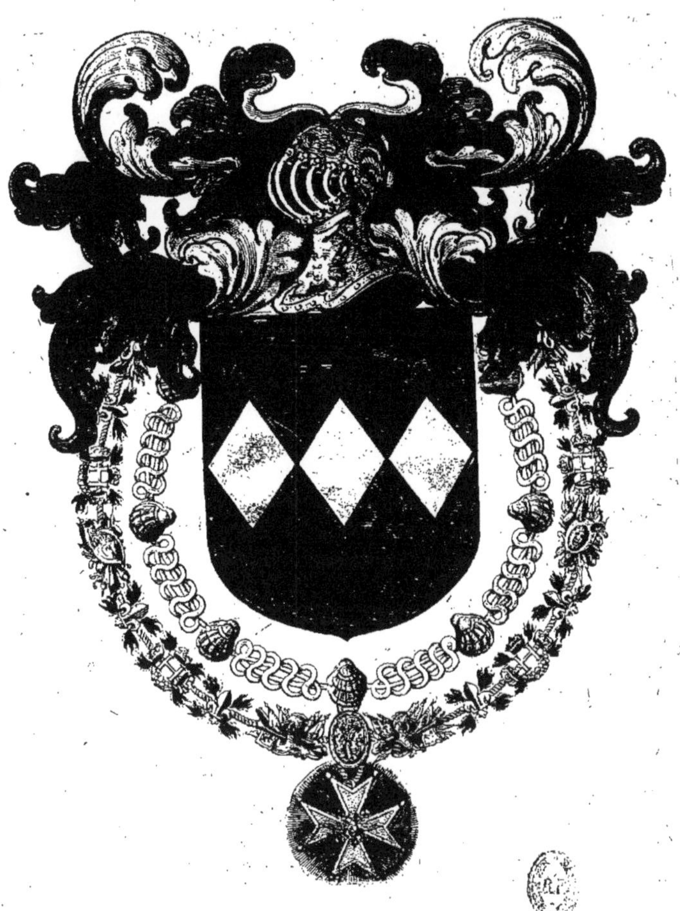

CLAVDE BOVTHILLIER, Conſeiller du Roy en ſes Conſeils, Secretaire d'Eſtat & de ſes Commandemens, Sur-intendant des Finances de France, & Grand Treſorier des Ordres de ſa Majeſté.

Porte d'azur à trois fuſées d'or poſées en faſce.

Supports.

Cimier.

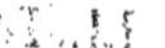

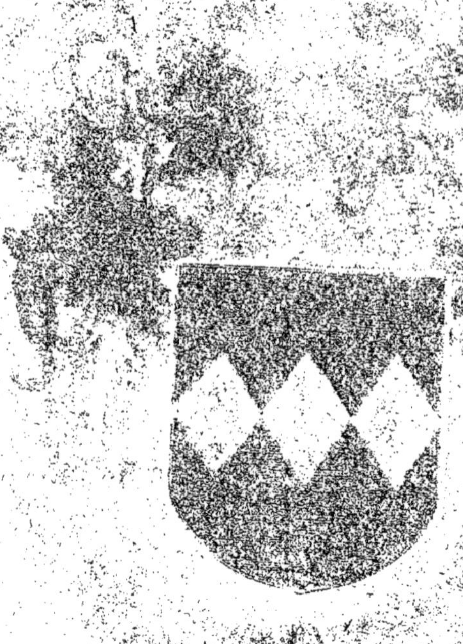

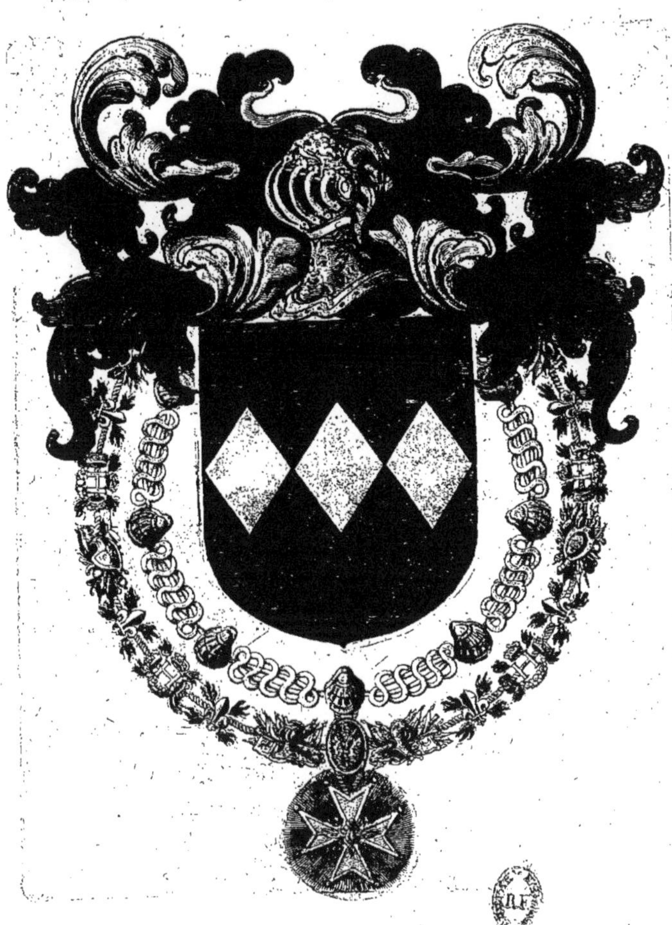

LEON BOVTHILLIER, Conseiller du Roy en ses Conseils, Secretaire d'Estat & de ses Commandemens; Capitaine & Gouuerneur pour sa Majesté du Chasteau du Bois de Vincennes, & Commandeur & Grand Tresorier des Ordres de sadite Majesté en la suruiuance du Sieur Bouthillier son pere.

Porte ses Armes comme luy sans difference.

Supports.

Cimier.

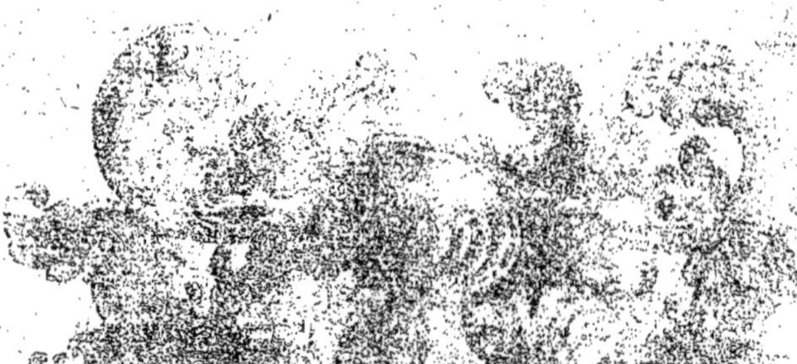

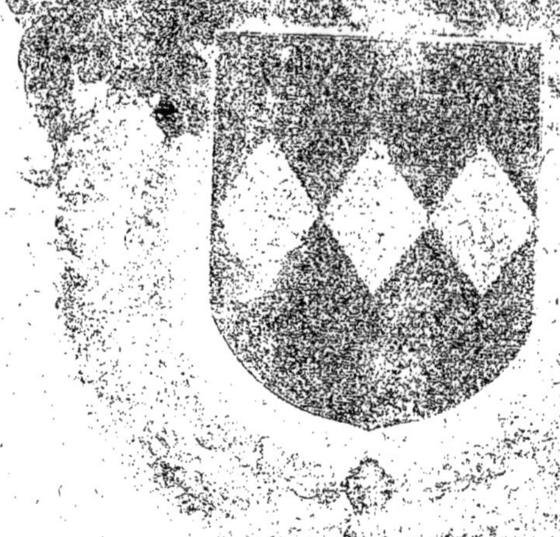

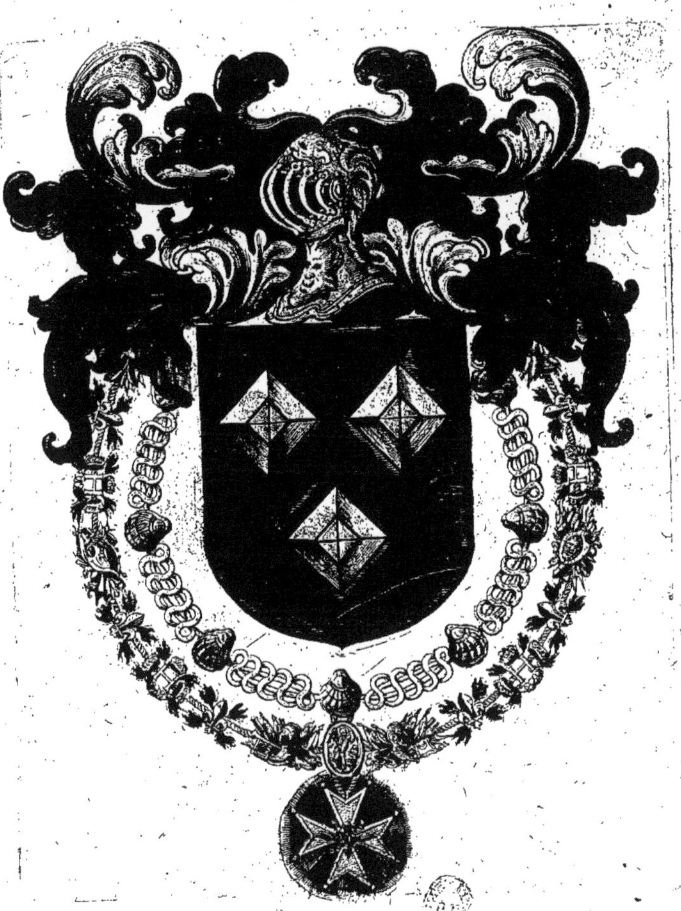

CHARLES DVRET, Seigneur de Cheury, Conſeiller du Roy en ſes Conſeils, Preſident en ſa Chambre des Comptes, Contrerolleur general de ſes Finances, & Commandeur & Secretaire des Ordres de ſa Majeſté.

Porte d'azur à trois tables de diamans taillez en lozanges, enchaſſez d'or, deux en chef, & vn en pointe.

Supports.

Cimier.

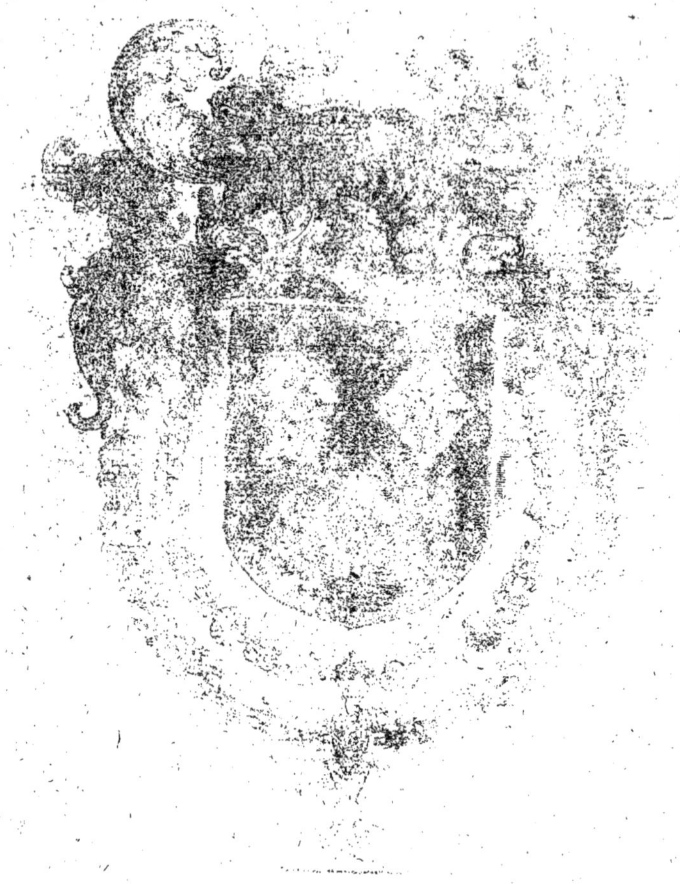

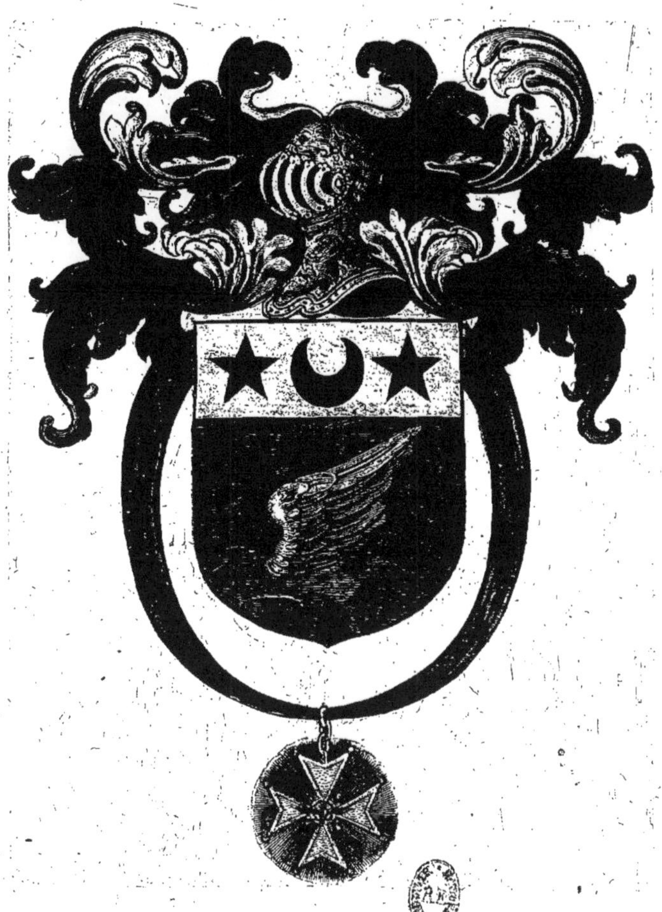

MATHVRIN MARTINEAV, Sieur du Pont Herault, & Roy d'Armes des Ordres du Roy.

Porte d'azur au demy vol d'argent, au chef d'or chargé d'vn Croiſſant montant de ſable, coſtoyé de deux Eſtoilles de meſmes.

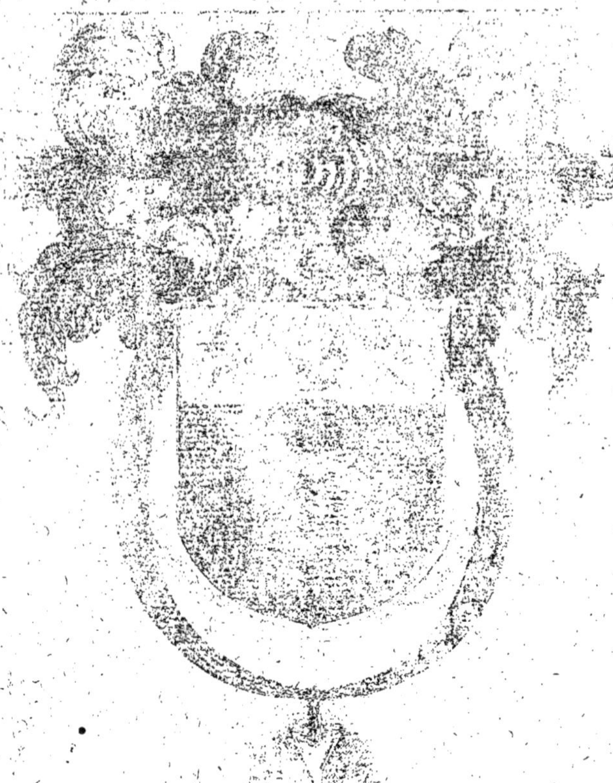

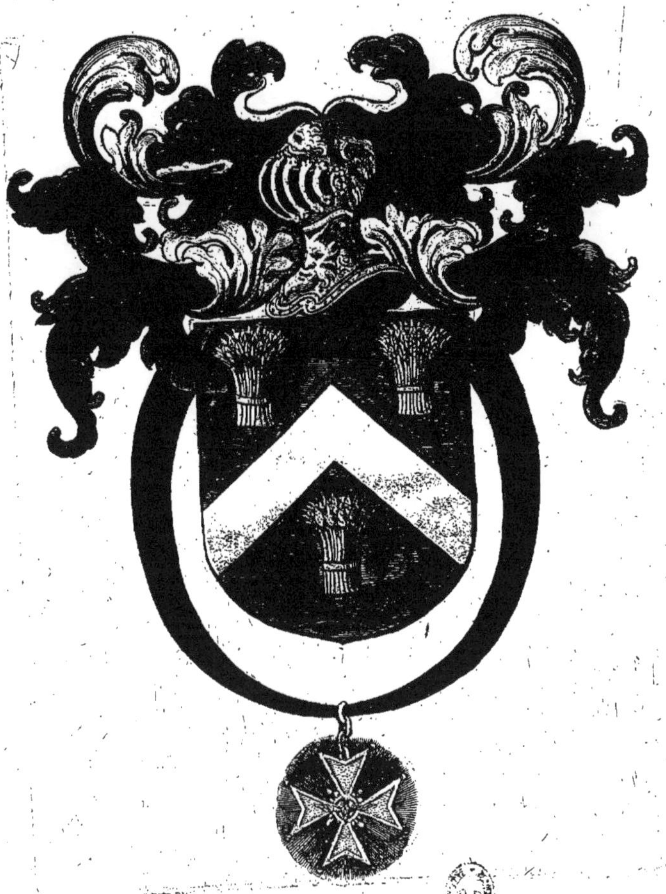

PAVL AVBIN, Sieur de Bourg-neuf, Huissier des Ordres du Roy.

Porte d'azur au cheuron d'or, accompagné de trois gerbes de mesmes, deux en chef, & vne en pointe.

TABLE
DES ARMOIRIES,
BLASONNEES EN CE RECVEIL.

Fautes & obmissions suruenuës en l'impression.

FOl. 10. ligne 10. poinre lisez pointe. fol. 15. lig. 1. Schomberg lisez Schonberg. & lig. 3. lisez de mesme. fol. 21. lig. 1. Senetere lisez Senectere & lig. 2. de mesme. fol. 31. lig. 7. Balsabat lisez Batsabat. fol. 33. lig. 5. Parnol lisez Parnot. & lig. 8 Anglurre lisez Anglure. & la mesme Estanges lisez Estauges. fol. 35. lig. 8. apres cordée demesme. adjoustez qui est d'Arpajon. & lig. 9. adjoustez qui est de Bourbon-Roussillon. fol. 39. lig. 3. du, lisez des. & lig. 5. d'yuille lisez d'yuillé. fol. 41. lig. 6. du Guemaudeur lisez du Guemadeuc. fol. 42. lig. 1. apres la Porte adjoustez seigneur de la Mesleraye. & lig. 4. Meilleraye lisez Mesleraye. fol. 49. lig. 9. apres Puigarreau de Poitou, adjoustez & des Gilliers du Dauphiné.

EXTRAICT DV PRIVILEGE DV ROY.

PAR grace & priuilege du Roy donné à Fontainebleau, le vingt-septiesme de May mil six cents tente-trois, signé Louys, & plus bas de Lomenie, & seellé du grand seau de cire jaune. Il est permis au sieur D'HOZIER l'vn des Gentils-hommes ordinaire de la Maison de sa Majesté, d'imprimer ou faire imprimer, vendre & distribuer vn Liure qu'il a composé, *De l'Histoire & Milice du Benoist sainct Esprit, Contenant les Blasons des Armoiries de tous les Cheualiers qui ont esté honorez du Collier dudit Ordre, depuis la premiere Institution iusques à present*, auec leurs Genealogies & descentes, comme aussi les statuts dudit Ordre, le nombre des Creations, les Ceremonies qui y ont esté gardées, & particulierement vn ample Discours de ce qui s'est passé en la derniere reception, & ce durant l'espace de sept ans, à commencer du iour qu'il sera acheué d'imprimer: & deffences sont faictes à tous Libraires, Imprimeurs & autres de ce Royaume, d'imprimer ou faire imprimer ledit liure, ny d'iceluy rien extraire, vendre, ne distribuer d'autre impression que de celle dudit sieur D'HOZIER, ou autre ayant droict de luy, à peine de confiscation des exemplaires, & de deux mille liures d'amende, & tous despens, dommages & interests, ainsi qu'il est plus au long contenu esdites Lettres.

Ledit sieur D'HOZIER a faict transport de sondit priuilege à Melchior Tauernier, Graueur & Imprimeur ordinaire du Roy pour les Tailles-douces.

Autre Priuilege du Roy en suitte dudit transport.

LOVYS par la grace de Dieu, Roy de France & de Nauarre. A nos amez & feaux Conseillers les gens tenans nos Cours de Parlement de Paris, Rouën, Tholose, Bourdeaux, Dijon, Grenoble, Aix, & Rennes, Baillifs, Seneschaux desdits lieux, ou leurs Lieutenans, & à tous nos autres Iusticiers & Officiers qu'il appartiendra, Salut. Nostre bien-amé MELCHIOR TAVERNIER, nostre Graueur & Imprimeur ordinaire pour nos Tailles-douces, nous a tres-humblement faict remonstrer, que suiuant le priuilege par nous octroyé au sieur D'HOZIER l'vn des Gentils-hommes ordinaires de nostre Maison, en datte du vingt-septiesme iour du mois de May mil six cens trente-trois, par lequel nous luy aurions donné pouuoir de faire grauer & imprimer vn liure, ou plusieurs, traittant des Ceremonies du benoist sainct Esprit, contenant les Blasons des Armoiries de tous les Cheualiers qui ont esté honorez du Collier dudit Ordre depuis son Institution; le nombre des Creations, les Ceremonies qui y ont esté gardées, circonstances & dependances d'icelles, & particulierement vn Discours bien ample de celles qui ont esté obseruées en la derniere Reception par nous faicte à Fontainebleau, les quatorziesme, quinziesme & seiziesme du mois de May de l'année derniere, lesdites Ceremonies represen-tées en plusieurs figures de Tailles-douces. Ledit sieur D'HOZIER luy auroit faict transport de son priuilege, pour grauer & imprimer la susdite Ceremonie faicte à Fontainebleau, lequel TAVERNIER auroit auec grand soing, frais & despense graué & imprimé les planches, tant de la Ceremonie que des Armes, faict imprimer l'explication d'icelle, & le Blason à ce necessaire pour l'intelligence desdites Armes & figures. Lequel liure il desireroit à present distribuer & donner au public pour retirer ses frais; mais craiguant qu'apres vn long trauail quelque Libraire ou autre Graueur & Imprimeur ne voulussent s'ingerer de l'imprimer, ou en tirer quelques Extraicts, ou le voulussent empescher de vendre son propre ouurage, le frustrant par ce moyen de ses frais & labeurs, si premierement il n'estoit pourueu de nos Lettres à ce necessaires, humblement requerant icelles. A CES CAVSES voulans fauorablement traitter ledit TAVERNIER, & que le public puisse iouyr d'vn ouurage si necessaire, & pour donner moyen audit suppliant de le recompenser de son labeur, & qu'il ne soit frustré des mises & despenses qu'il a faictes. Nous luy auons de nostre grace speciale, pleine puissance & authorité Royalle, permis & octroyé, permettons & octroyons par ces presentes de iouyr du priuilege dudit sieur D'HOZIER, conformément au transport qu'il luy en a faict: Et en outre deffendons & faisons à ceste fin tres-expresses inhibitions & deffenses à tous Libraires, & autres, de quelque qualité & condition qu'ils puissent estre, d'empescher ledit TAVERNIER, ny le troubler, tant en l'impression qu'en la vente & debit qu'il pourra faire dudit liure, nonobstant quelconques Lettres, Priuileges, ou Arrests que lesdits Libraires & Imprimeurs puissent apporter ny exhiber à ce contraires, & que mettant vn bref extraict du present priuilege au commencement ou à la fin dudit liure, il soit tenu pour bien & deuëment signifié, à la charge d'en mettre deux exemplaires en nostre Bibliotheque. Car tel est nostre plaisir. Donné à Paris, le dix-neufiesme iour de Feburier mil cens trente & quatre. Et de nostre regne le vingt-quatriesme.

Signé, TREMOLLIERES.

Extraict des Registres de la Cour de Parlement.

VEV par la Cour les Lettres patentes données à Paris le dix-neufiesme de Feurier dernier, signées par le Roy en son Conseil Tremollieres, & seellées sur simple queuë du grand seau de cire iaune, par lesquelles & pour les causes y contenuës, ledit Seigneur permet & octroye à Melchior Tauernier son Graueur & Imprimeur ordinaire pour les Tailles-douces, de iouyer du priuilege du sieur d'Hozier, & conformément au transport qui luy en a faict. Auec deffenses à tous Libraires d'empescher ledit Tauernier, tant en l'impression qu'à la vente dudit Liure, suiuant & ainsi qu'il est plus amplement porté par lesdites Lettres. Copie du priuilege dudit sieur d'Hozier. Le transport par luy fait du vingtiesme Septembre dernier. Requeste par ledit Tauernier presentée à ladite Cour, afin de verification desdites Lettres: Conclusions du Procureur General du Roy. Tout consideré, LADITE COVR a ordonné & ordonne, que lesdites Lettres seront registrées au Greffe de ladite Cour, pour iouyr par l'impetrant de l'effect & contenu en icelles. Faict en Parlement le 14. Mars 1634.

Signé, DV TILLET.

Acheué d'imprimer le 20. de Mars 1634.

www.ingramcontent.com/pod-product-compliance
Ingram Content Group UK Ltd.
Pitfield, Milton Keynes, MK11 3LW, UK
UKHW021045230726
13926UKWH00004B/1664